인간은 노력하는 한 방황한다.

— 괴테, 《파우스트》

자신감
수업

일러두기
이 책에 나오는 도서명 표기는 국내에 출간된 경우 한국어 제목 그대로 사용하였고, 출간되지 않거나 오래전에 절판되어 확인하기 어려운 책들은 번역문 옆에 원서명을 병기하였습니다.

자신감 수업

**두려움을
용기로 바꿀 수만
있다면**

수전 제퍼스 지음 | 노혜숙 옮김

마인드빌딩

25주년 기념판 저자 서문

나는 진심으로 기적을 믿는다. 수없이 거절당한 내 책이 무려 100개가 넘는 나라에서 번역됐다니! 이 책이 출간된 지 어느덧 25년이나 흘렀다니! 이것이야말로 기적 아닌가. 그 전까지 얼마나 많은 출판사에서 퇴짜를 맞았는지 모른다. 하마터면 출간을 포기할 뻔했다. 그래도 계속 스스로를 격려했던 나 자신이 너무나도 자랑스럽다.

번번이 거절당할 때마다 스스로를 다독여왔다. 두려울 건 없다고. 여기까지 읽은 독자라면, 두려움 따위에 휘둘릴 필요가 없다는 내 말을 진심으로 믿어 주길 바란다. 고맙게도 이 책 덕분에 완전히 새 삶을 산다는 분들이 많다. 세계 곳곳에서 도착한 감사 편지들은 나에게 확신을 심어 주었다. 누구나 두려움을 느낀다는, 다만 두려움 때문에 삶의 의욕을 잃어서는 안 된다는.

이 책 덕분에 삶이 바뀐 수많은 분들 중에는 용기 내어 맘에 든 상대에게 데이트 신청을 한 사람, 절망적 트라우마를 극복한 사람도 있다. 그토록 많은 분들의 인생에 영향을 주었다는 사실을 알고 나니, 특별한 기쁨과 함께 겸손해야겠다는 마음이 든다. 어떤 형태로든 삶의 한 부분으로 존재할 두려움을, 어떻게든 이겨내는 기술을 기꺼이 나누고 싶다.

이 책에는 당신이 평생 써먹을 수 있는 구체적인 방법들이 담겼다. 살면서 힘든 일을 겪을 때마다 자신의 가장 약한 부분을 단련하는 법, 마음의 고통을 평화롭게 다스리는 법 등등. 그것들을 배우는 과정에서 깨달을 것이다. 이미 당신의 내면에 놀라운 힘을 간직하고 있었다는 것을. 그 힘으로 '최고의 나'로 거듭나는 여정은 분명 즐겁고 보람찰 것이다. 두려움에 압도당해 삶을 즐기지 못할 이유는 없다. 당신이 첫발을 내딛는 순간, 함께할 수 있어 정말 행복하다.

진심을 담아, 수전 제퍼스

프롤로그

원하는 모습으로 살고 있나요?

이 책은 지금 자신의 모습이 진정 원하던 모습과는 다르다고 생각하는 사람을 위한 책이다. 뭔가 변화가 필요하다고 생각하면서 엄두를 못 내는 사람을 위한 책이기도 하다.

우리는 시작을 두려워하고, 끝내기를 두려워한다. 변화를 두려워하고, 정체를 두려워한다. 성공을 두려워하고, 실패를 두려워한다. 삶을 두려워하고, 죽음을 두려워한다. 그럴 때 '마음먹기 달렸다'고 말하곤 한다. 그래서인지 두려운 이유를 심리적으로 나약하기 때문이라고 믿기 쉽다. 하지만 우리가 두려움을 극복하지 못하는 것은 나약해서가 아니다.

나는 두려움을 학습의 문제라고 믿는다. 그러므로 학습을 통해 사고방식을 바꿈으로써 우리가 두려움을 인생의 일부분으로 자연스럽게 받아들이길 바란다. 이제 당신이 두려움을 느끼더라도 '나는 왜 이렇게 나약할까?' 하고 자책하지 않았으면 한다.

나도 젊었을 때는 항상 두려움에 휩싸여 있었고, 전혀 중요하지 않은 일에 인생을 낭비하며 살았다. 머릿속 악마는 속삭였다. '가만있어. 애쓴다고 달라지는 건 없어. 실패하면 후회만 남을 거야.' 심리학 박사학위도 악마를 해치우는 데 도움이 되지 않았다. 마음 편히 잠드는 날이 손에 꼽을 정도였다.

어느 날, 인생이 뜻대로 흘러가지 않는다는 생각에 짜증이 치밀어 올라 펑펑 울었다. 문득 거울에 비친 내 모습은 최악이었다. 빨갛게 충혈된 눈, 퉁퉁 부은 얼굴. 그거야말로 더더욱 내가 원하던 모습은 아니었다. 거울 속 나에게 말을 건넸다. '제발 그만해. 그만하라고!' 신기하게도 그전까지 머릿속에서 날뛰던 악마의 속삭임이 잠잠해졌다. 부정적인 생각들도 차츰 누그러들기 시작했다. 놀라웠다.

나는 심리학자로서 이러한 변화가 나에게만 가능한 것인지 궁금했다. 뉴스쿨 사회학연구소에서 실험해보기로 하고 두려움을 주제로 강의했다. 강의 제목은 '두려움을 받아들이고 시도하라'는 것이었다.

> "우리는 익숙하지 않은 영역에 발을 들이거나 새로운 방식으로 일에 뛰어들어야 할 때 두려움을 느끼죠. 두려움

은 종종 우리를 아무것도 시도할 수 없게 만들어요. 이 문제를 해결하는 유일한 방법은 두려움을 있는 그대로 인정하고 어쨌든 시도하는 겁니다."

결과는 성공이었다. 수강생들은 단지 사고를 바꾸는 것만으로도 인생이 달라질 수 있다는 데 놀라워했다. 나는 두려움을 심리치료 영역에서 학습 차원으로 끌어올리는 데 성공했다.

이 책에서는 원하는 인생을 살아가는 데 방해가 되는 두려움이라는 장벽에 대해 다루었다. 두려움의 실체를 깨닫고 그것을 극복하게 도와주는 여러 가지 법칙들도 다루었다. 책의 어떤 부분은 당신의 모습 같고, 어떤 부분은 거리감을 느낄 것이다. 그러나 두려움을 드러내는 방식은 사람마다 다르다. 필요한 지침만 활용하면 그만이다. 각 장을 반드시 순서대로 읽을 필요가 없다. 너무 이론적이거나 기초적이라고 생각되는 내용은 건너뛰어도 된다.

이 책을 읽으며 곧 배우게 될 개념과 도구는 오랫동안 전 세계에서 활용되어온 것들이다. 우리 인생 앞에 새로운 도전을 맞닥뜨릴 때 그저 이대로 실천만 하면 된다. 가장 취약하게 생각했던 자신의 단점이 가장 강한 부분으로 바뀔 것이다. 사랑할 수 있는 힘, 성공할 수 있는 힘, 각자의 방법으로 세상에 도움을 줄 수 있는, 믿을 수 없을 정도로 강력한 힘에 스스로 놀라게 될 것이다.

우리는 언제든지 '무기력, 고통, 절망'의 세상에서 '힘, 에너지, 활력의 세상'으로 나아갈 수 있다. 우리가 한 걸음 더 나아가지 못하는 이유를 깨닫고, 인생을 스스로 개척한다면 하루하루가 훨씬 행복할 것이다.

자신을 아름답게 만드는 이 여행에서 분명 신나고 보람을 느낄 것이다. 지금, 이 순간 가장 중요한 첫걸음을 내딛길 바란다.

차례

Feel the fear and do it anyway

Lesson 01.

우리는 생각보다 강하다

두려움에 대하여

"실수하면 어쩌지?" "웃음거리만 되면 어떡해?"

누구나 한 번쯤 이렇게 생각한 적이 있을 것이다.

왜 우리는 이렇게 두려움을 느낄까?

나는 힘과 자신감을 찾아 항상 바깥으로 눈을 돌렸지만,
자신감은 내면에서 나온다. 자신감은 항상 그곳에 있다.

_ 안나 프로이트

한 사람씩 자신의 가장 두려운 부분을 꺼내 놓으면 어떤 일이 벌어질까. 그들이 돌아가면서 이야기하는 동안 아주 재밌는 일이 일어난다.

돈은 14년간 하던 일을 그만두고 화가의 꿈을 좇고 싶다. 여배우 메리 앨리스는 이런저런 핑계를 만들어 오디션에 가지 않고 있다. 스스로도 그런 자신을 이해할 수 없다. 테디는 나이 먹는 게 두렵다. 이제 겨우 서른두 살이지만. 패티는 사업을 확장하고 싶지만 무엇부터 시작해야 할지 엄두가 나지 않는다. 로리는 모두가 부러워하는 삶을 살면서도 정작 스스로는 불행하다고 느끼는 이유를 알고 싶다. 하지만 어떻게 해야 알지 모르겠다. 세라는 15년간의 결혼생활을 이제 그만 끝내고 싶

다. 케빈은 퇴짜맞을까 봐 데이트 신청을 못 한다. 이 성격을 못 고치면 연애하기 어렵다는 것을 알고 있다. 노부인 진은 건강이 매우 나쁘다고 생각한다. 의사의 솔직한 소견을 듣고 싶은데 의사는 그녀를 아이 취급하며 명확한 대답을 꺼리는 것 같다. 리처드는 은퇴 이후 쓸모없는 사람이 된 것 같은 기분이다. 그는 그의 인생이 이렇게 끝나는 것은 아닌지 두렵다.

이쯤 되면, 강의실 분위기가 달라지기 시작한다. 어느새 그들 얼굴에서 서먹함이 사라지고 편안한 표정이 된다. 다들 두려움을 느끼는 것은 자기 혼자만이 아니라는 사실을 깨닫는다. 마지막 사람의 이야기가 끝나기 전에 화기애애한 분위기가 된다. 각자 자신의 껍질을 벗고 인간적으로 소통하기까지는 오랜 시간이 걸리지 않는다. 그들은 두려움 때문에 원하는 삶을 살지 못하고 있다는 것을 깨닫는다. 두려움에 대해 강의할 때마다 이런 광경은 되풀이된다.

두려움의 정체

언뜻 두려움은 유형도 다양해 보이고, 각자에게 필요한 해결책 역시 다양할 것 같지만, 더 깊이 파고들면 우리가 느끼는 두려움은 크게 세 가지 유형이다.

첫 번째는 앞에 소개된 사람들의 말처럼 표면적인 두려움이다. 어쩔 수 없는 일에 대한 두려움, 행동을 요구하는 두려움이 여기 해당된다. 이런 식으로 표현된다. "실수하면 어쩌지." "웃음거리만 되면 어떡해." "회사에서 잘리면 어떡해." "면접 떨어지면 어떡해." "더 나이 들면 어떡해." "개랑 헤어지면 어떡해." "사업 망하면 어떡해."

두려움은 특성상 생활 전체에 스며드는 경향이 있다. 친구 사귀기를 두려워하는 사람은 낯선 사람이 많은 파티, 새 직장을 구하는 행동 역시 두려워한다.

두 번째는 우리 내면에서 비롯된 두려움이다. 외부 상황이 아니라 우리 내면의 심리 상태를 반영한다. 이런 식으로 표현된다. "실패하면 어떡하지?" "거절당하면 어떡하지?" "성공의 무게를 내가 감당할 수 있을까?" 두려움을 일반화시킬 수 있는 이유는 두 번째 유형 때문이다. 만약 거절을 두려워하는 사람이 있다면 그런 심리가 삶 전체(인간관계, 연애, 면접 등)에 영향을 미칠 것이다. 살다 보면 언제든 거절을 당할 수 있다. 따라서 거절을 두려워하는 사람은 매사에 방어적이고 움츠러들 수밖에 없다.

세 번째는 우리를 옴짝달싹 못 하게 만들 만큼 거대한 두려움이다. 이 말을 듣고 이게 전부냐고 실망할지도 모르겠다. 하지만 모든 두려움의 밑바닥에는 우리 삶에서 벌어지는 일들을 감당할 수 없을지도 모른다는 두려움이 깔려 있다. 마지막 유형의 두려움은 이 한마디로 통한다. "망했어. 난 감당 못할 거야."

우리는 왜
두려워할까

사실 어떤 두려움은 본능적으로 발달했으며, 건강하고, 위험을 예방해준다. 하지만 그 외의 두려움들은 우리가 무엇을 하든 주저하도록 가로막고, 파괴적이며, 건강에도 해롭다.

어린 시절, 두발자전거를 몹시 타고 싶었지만 어머니가 사주지 않았다. 자전거를 사달라고 조르면 돌아온 대답은 한결같았다. "엄마가 널 많이 사랑하는 거 알지? 엄마는 네가 다치는 걸 원치 않아." 당시에는 그 말을 이렇게 받아들였다. "네가 어떻게 두발자전거를 탄다고 그러니?" 지금은 그 말의 진짜 의미를 알게 되었다. "너한테 무슨 일이라도 생기면 난 어떡하니!"

그렇게 나를 과잉보호했던 어머니가, 큰 수술을 받고 코와 목에 튜브를 꽂은 채 중환자실에 입원했을 때였다. 나는 면회 시간이 끝나서 어머니 귀에 대고 "사랑해요. 다시 올게요."라고 속삭였다. 문을 향해 걸어가는데, 뒤에서 작고 힘없는 목소리가 들렸다. 어머니는 무슨 말을 했을까? "조심해라."였다. 중환자실에 누워 있는 처지에서도 성인이 된 나에게 세상이 위험하다고 경고하셨다. 부모들이 아이들에게 조심하라는 말을 얼마나 많이 하는지 생각해보면 우리가 집 밖을 돌아다닌다는 사실이 신기할 지경이다.

나는 살면서 엄마가 아이를 학교에 보낼 때 "얘야, 오늘 많은 모험을 하렴!" 이렇게 당부하는 모습을 본 적이 없다. 모두 조심하라며 주의를 준다. 조심하라는 말은 '바깥세상은 아주 위험'하다는 의미이며 '무슨 일이 일어나면 아이 스스로 감당할 수 없을 것'이라는 의미다. 그런데 사실 아이에게 무슨 일이 생기면 감당하기 힘든 쪽은 엄마들이다. 그러니까 엄마가 아이에게 하는 당부는, 곧 자신의 두려움을 표현한 것일 뿐이다.

이 밖에도 두려움을 학습시키는 또 다른 원인들이 있을 것이다. 하지만 진짜 원인을 알아내기란 종종 불가능하며, 설령 원인을 알아냈다 해도 달라지는 건 없다. 나는 종종 사람들로부터 '우리가 자기 자신을 믿지 못하는 이유'에 대한 질문을 받곤 하는데, 솔직히 그 이유를 잘 모른다. 그건 중요하지도 않다고 생각한다. 그보다는 지금의 상황을 바꾸기 위해서 행동하는 것이 중요하다. 가장 중요한 것은 이제부터라도 자신감을 길러 '언제 무슨 일이 일어나든, 어떤 상황이든, 다 감당할 수 있다'고 믿는 지점에 도착하는 것이다.

무슨 일이든 감당할 수 있다고 마음먹으면 어떻게 될까? 당연한 말이지만 아무것도 두렵지 않다. 이것을 대단한 발견이라고 생각하는 사람은 아마 없을 것이다. 아주 좋은 소식이라는 것만 믿어 주었으면 한다. 이 말은 우리가 외부 상황을 통제하지 않고도 두려움을 극복할 수 있다는 의미니까. 우리가 무슨 일이든 감당할 수 있다고 믿으면, 직장 상사, 친구, 애인, 남편, 부인, 아이들의 행동 때문에 전전긍긍하지 않아도 된다. 새로 시작한 일, 직장, 돈 등에 대해서도 걱정할 필요가 없다.

두려움의 근원에는 '내가 나를 믿지 못하는 마음'이 있다. 우리가 원하는 삶을 살지 못하게 방해하는 것은 바로 자신감 부족이다. 이것을 안다면 변화가 필요한 명확한 지점에 초점을 맞출 수 있다. 머릿속에서 의심의 목소리가 들려올지 모른다. '어디 한번 해봐. 반신불수가 되면? 암에 걸리면? 어떻게 할 건데?' 물론 불확실한 미래를 두려워하는 건 당연하다. 나도 한때는 그랬다. 하지만 이 책에 실린 방법들을 활용하면 당신 자신에 대한 믿음이 커질 것이다. 점차 자신감이 생기고, 마침내 어떤 일이든 이겨낼 수 있다는 걸 알게 될 것이다.

이것만 기억하면 좋겠다. 우리는 생각보다 강하다는 것. 그리고 무슨 일이든 감당할 수 있다는 것.

Lesson 02.

새로운 일을 시작할 때 덜컥 겁부터 난다면

두렵다는 사실

누구나 세상을 살면서 두려움을 느낀다.

하지만 두렵다고 두려워하면 더 두려워질 뿐!

어떻게 이겨낼 수 있을까?

어떤 일을 달성하기로 결심했으면
그 어떤 지겨움과 혐오감도 불사하고 완수하라.
고단한 일을 해낸 데서 오는 자신감은 실로 엄청나다.
_ 아놀드 베넷

재닛은 언젠가 두려움이 사라지기만 기다리고 있다. 아이들이 학교에 입학하기만 하면 다시 대학에 다니며 공부해야겠다고 마음먹어왔다. 하지만 막내가 초등학교 4학년이 되는 동안 매번 핑계를 찾아냈다. '애들이 학교에서 돌아왔을 때 집에 엄마가 있어야 해.' '우리 형편에 대학 갈 돈이 어디 있어.' '남편은 내가 자기한테 소홀해졌다고 느낄 거야.'

사실 그녀의 상상과는 달리 남편은 그녀를 도와주고 싶어 했다. 결단을 내리지 못하는 그녀에게 패션 디자이너라는 꿈을 실현해보라고 용기를 북돋워 주었다. 하지만 그녀는 번번이 대학교 면접에 가지 않았다. '망설임이 진정되면 그때 가야겠어.' '시험에 붙을 자신이 있을 때 가는 게 좋겠어.' 그렇게 시간은 흘러만 갔고, 그녀의 생각은 계속 갈팡질팡했다.

그녀는 자기도 모르게 실패를 가정하고 있다. 다른 사람들 눈에는 훤히 보이는 것을 그녀만은 보지 못하고 있었다.

나도 그랬었다. 결혼생활 내내 어린아이처럼 굴었다. 모든 현실적 문제들을 남편에게 떠맡겼다. 그러다 이혼을 했고 모든 걸 나 스스로 할 수밖에 없었다. 처음에는 두렵고 서툴기만 했다. 힘든 일들도 많았다. 걸음마를 배우느라 자꾸 넘어지는 아기가 된 것 같았다. 그러다 점차 진공청소기 고치는 일처럼 사소한 것들을 내 힘으로 하게 됐다.

처음으로 사람들을 저녁 식사에 초대한 날, 처음으로 혼자 여행을 가려고 표를 예매했던 날, 나 자신이 무척이나 자랑스러웠다. 커다란 만족감을 느꼈다. 모든 일을 스스로 해내면서 샘솟는 자신감을 맛보았다. 한 발 한 발 내디딜 때마다 자신감은 더 커졌다. 그렇게 지금까지와는 다른 사람이 되는 줄만 알았는데, 여전히 새로운 영역에 도전할 때는 두려움과 회의가 찾아왔다. 그럴 때마다 재닛처럼 두려움을 느끼지 않게 될 날만 기다렸다. '두려움이 사라지기만 한다면, 그런 때만 온다면.'

불행히도 세월이 흘러도 두려움은 사라지지 않았다. 그러던 어느 날, 초에 불이 켜지듯이 불현듯 깨달음이 찾아왔다.

바로 두려움은 우리 인생에서 결코 사라지지 않는다. 여기까지 읽고 실망했을지도 모른다. '뭐야, 고작 이걸 깨달았다고?' 하지만 나는 더 이상 두려움이 사라지기를 바라지 않아도 되니 다행이라고 생각했다.

우리가 새로운 영역에 도전하고, 능력을 키우고, 모험을 시도하는 한, 두려움을 피할 수는 없다. 두려움은 결코 사라지지 않는다. 이것은 놀라운 깨달음이었다. 이전까지의 나는 언젠가 자신감이 생기면 두려움이 사라지고 뭔가를 할 수 있으리라 생각해왔다. 아마 나이를 먹고 현명해지거나, 사람들에게 배우거나, 어떤 기적이 일어나기를 바랐던 것 같다. 비현실적인 기대였다. 나를 변화시킨 것은 성취감이었다.

내가 박사과정을 밟던 때였다. 첫 강의 주제는 노화심리학이었는데, 아직 자신 없는 분야인데다 학생들과 나이 차도 별로 안 나 잔뜩 겁을 먹었다. 강의 날짜가 며칠 앞으로 다가오자 온종일 속이 울렁거렸다. 여덟 시간 동안 강의를 준비하고, 세 시간 분량의 자료를 만들었는데도 두려움이 가시지 않았다. 마침내 강의 첫날이 되었고, 마치 단두대에 끌려가는 기분이었다. 강단에 서자 심장이 쿵쿵 뛰고 다리가 후들거렸다. 강의가 끝나고도 다음 주에 이 과정을 다시 겪을 생각을 하니 기쁘지만은 않았다.

다행히 두 번째에는 모든 것이 좀 더 쉬워졌다. (안 그랬다면 영원히 강단을 떠났을 거다.) 수업을 들으러 온 학생들 얼굴을 익혔고, 몇몇의 이름도 기억하게 되었다. 세 번째에는 두 번째보다 나았다. 편안한 마음으로 수업에 임할 수 있었다. 여섯 번째 강의를 앞뒀을 때는 강의 시간이 기다려졌다. 수없이 강의한 후에는 강의 노트 없이 강의 내용을 요약한 쪽지 한 장만 들고 수업에 들어가게 되었다. 어느 날 문득 깨달았다. 한때 그렇게 두려웠던 강의 시간이 더 이상 두렵지 않게 됐다는 것을. 심지어 두려움이 기대감으로 변해 있었다는 것을. 그동안에 아주 먼 길을 돌아온 기분이었다. 나는 두려웠지만 어쨌든 시작했고, 강의에 대한 두려움은 사라졌다.

그 후 텔레비전 강의라는 새로운 도전을 하게 됐을 때도 '두려움을 인정하고 도전하는 것'으로 두려움을 몰아낼 수 있었다. 이것은 언뜻 첫 번째 진실과 모순되는 것처럼 들릴 수도 있지만 '두려움의 존재를 인정하는 것'과 '두려움에 맞서는 것'은 다르다.

'좀 더 자신감이 생기면 그때 하겠어.'라는 생각은 현실을 외면하는 것이다. 두려움이 사라지게 하고 자신감을 키우는 방법은 밖으로 나가서 일단 해보는 것이다. 두려운 상황에 직면하면 두려움은 사라진다. 마침내 두려움을 극복하고 한 가지를 해내면 또 다른 뭔가를 달성하고 싶어진다. 새로운 도전을 만났을 때 또다시 두려움을 느낄 테지만, 극복하게 된다.

두려움을 다스리지 않으면 더 두렵다

나는 여러 워크숍과 세미나에 다니면서 두려움에 관한 또 다른 진실을 깨닫고 크게 위안을 받았다. 우리는 익숙하지 않은 영역에 발을 들일 때마다 두려움을 경험한다. 예외는 없다.

뉴욕 시장이었던 에드 코흐의 기사를 읽은 기억이 난다. 내가 보기에 그는 두려움이라곤 없는 사람 같았다. 그런데 기사에서는 그가 잔뜩 겁을 먹었다고 했다. 공공 행사를 위해 브로드웨이 쇼 출연자들과 탭댄스를 배워야 했기 때문이었다. 믿기 어려웠다. 성난 군중과 맞서 싸웠고, 수백만 명에게 영향을 미치는 중대한 결정을 내려왔으며, 시장선거에 출마해 많은 대중 앞에 섰던 그가 겨우 탭댄스 배우는 것을 두려워하고 있다니!

두려움에 관한 진실을 아는 사람이라면 이 이야기가 놀랍지만은 않을 것이다. 그에게 탭댄스는 자신을 시험하는 새로운 도전이었으므로 두려움을 느끼는 것이 당연했다. 하지만 일단 연습을 시작해서 스텝을 익히면 두려움은 사라지고 자신감은 더욱 커질 것이다. 누구나 마찬가지다. 인간이기 때문에 같은 감정을 느낀다.

우리는 신문, 잡지, 책, 텔레비전에서 위와 비슷한 사례를 많이 발견할 수 있다. 두려움에 관한 진실을 알기 전까지는 그런 이야기들을 접해도 공통점을 발견하기 어렵다. 그래서 유명 인사들을 우리와 다른 사람들이라고 생각한다. 하지만 절대 그렇지 않다. 그들은 지금 그 자리에 서기 위해 엄청난 두려움과 싸워야 했고, 여전히 싸우고 있다.

두려움과 싸워 이긴 사람들은 이 책에서 말하려는 '두렵더라도 할 일은 해야 한다'는 메시지를 이미 알고 있을 것이다. 온갖 시련에도 좌절하지 않고 열심히 노력해 크게 성공한 한 친구는 어느 날 내 강의 제목을 듣고 고개를 끄덕이며 말했다. "맞아. 나는 늘 네가 말한 방식으로 살아온 것 같아. 매번 두려웠지만 그렇다고 원하는 것을 얻기 위해 필요한 모험을 포기한 적은 없어. 목표를 이루기 위해 해야 할 일을 한 거지."

만약 당신이 지금까지 두려움과 싸워 이긴 적이 없다면 아마 두려움에 관한 진실을 배우지 못했기 때문일 것이다. 또 두려움을 파란불이 아니라 빨간불로 해석해 사라지기만을 마냥 기다리고 있었을 테다. 이제 당신 스스로 만든 감옥에서 빠져나오기 위해 사고 전환이 필요한 때다. 사고 전환의 첫 단계는 두려움에 관한 진실이 우리의 일부가 될 때까지, 그래서 원하는 목표를 향해 나아가는 태도를 익히게 될 때까지 반복 훈련하는 것이다.

180도 달라진 재니스의 삶

두려움에 관한 진실을 아는 것만으로는 부족하다. 아마 지금쯤 이렇게 생각하는 독자가 있을지 모르겠다. '왜 이런 성가신 훈련을 하면서까지 모험해야 하지? 지금까지 살아온 대로 살면 안 되나?' 그렇다면 중년의 주부인 재니스의 사례를 보자.

그녀는 위험을 최대한 줄이는 방향으로 인생 계획을 세웠다. 성공한 사업가와 결혼해 전업주부가 되기로 한 것은, 남편의 그늘에서 세상과 부딪치지 않고 편하게 살고 싶었기 때문이다. 그런데 그녀가 50대 중반이 되자 남편 딕이 뇌졸중으로 쓰러졌다. 모든 것을 남편에게 의지하고 살던 재니스는 하루아침에 가장의 책임을 떠맡았다.

변화는 쉽지 않았다. 처음에는 원망만 들었다. '왜 나한테 이런 일이 생겼지?'라는 생각에 운명을 탓했다. 차츰 자신의 상황을 받아들이기 시작했다. 얼떨결에 남편의 사업을 이어받고 남편의 건강을 위한 결정들을 내렸다. 매일 아침 눈 뜨면 모든 것이 자신에게 달려 있다는 사실을 자각했다. 그렇게 하루하루 보내는 동안 점차 그녀를 둘러싸던 희뿌연 안개가 걷히고 머릿속이 선명해졌다. 전에는 경험하지 못했던 깊은 평화를 느꼈다. 그녀는 이제 그동안 보살핌받은 대가를 치르고 있다는 것을 깨닫기 시작했다.

남편이 쓰러지기 전에는 재니스의 마음 한구석에 항상 '무슨 일이 생기면 어떡하지?'라는 걱정이 있었다. 미래를 불안해하는 마음 때문에 현재를 즐기지 못하고 두려워하면서 살았다. 친구들에게 말하곤 했다. "남편보다 일찍 죽는 게 소원이야. 혼자서는 살 수 없을 거야." 그러나 자신에게 지금껏 몰랐던 강한 힘이 있다는 것을 알게 되면서 모든 것이 달라졌다. 이제 그녀는 '어떤 시련이 닥쳐도 난 이겨낼 수 있어.'라고 생각하게 됐다.

재니스는 그동안 자신이 두려움 속에서 살고 있었다는 것을 몰랐다. 생존 자체를 불안해하던 그때의 두려움에 비하면 새로운 두려움은 아무것도 아니었다. 남편의 건강은 많이 회복되었고, 두 사람은 지금 행복한 삶을 꾸려가고 있다. 남편 역시 영원히 불구가 될지도 모른다는 두려움과 직면한 후 '만약 무슨 일이 일어난다면……'이라는 가정에 '어떤 일이 닥쳐도 이겨낼 수 있다!'는 결론을 내리게 됐다. 두 사람은 시련을 극복했을 뿐 아니라 그 경험을 통해 진정한 사랑의 의미를 배웠다.

두려움을 극복하는 것은 무력감에서 오는 근원적인 두려움을 안고 사는 것보다는 훨씬 덜 두렵다. 이 말이 처음에는 잘 이해되지 않을지도 모른다. 무슨 의미일까. 두려움을 피하기 위해 모험을 거부하는 사람들은 두려움을 감수하고 모험하는 사람들보다 훨씬 더 큰 두려움을 안고 살아간다는 의미다. 단지 그렇다는 사실을 모르고 있을 뿐이다. 무력감이 커질수록 배우자의 죽음이나 실직처럼 우리가 통제할 수 없는 일들에 대한 두려움이 더욱 커진다. 그래서 나쁜 일이 일어날 가능성을 생각하며 전전긍긍하게 된다.

어떤 사람들은 아무것도 두렵지 않다고 말한다. 하지만 그들과 대화해 보면 표현 방식만 다를 뿐 두려움을 느낀다는 것을 알 수 있다. 그들도 불안하고 초조하지만 그런 느낌을 두려움이라고 표현하지 않을 뿐이다. 누구나 세상을 살아가면서 두려움을 느낀다. 어딘가에 두려움이 전혀 없는 용감한 사람들이 있을지도 모르지만, 나는 아직 그런 사람들을 만나본 적이 없다.

나는 진심으로 두려워할 것이 없다는 것을 알고 있다. 두려움과 맞서 싸우기 위해 끊임없이 나 자신을 설득한다. 두렵지만 나는 전진할 것이다. 당신도 그렇게 할 수 있다. 당신도 두려움을 감수하고 도전해야 한다. 두려움은 결코 우리 인생에 걸림돌이 될 수 없다.

Lesson 03.

무기력에서 벗어나고 싶은데 어떻게 용기를 낼까

자신감 회복하기

다람쥐 쳇바퀴 돌듯 판에 박힌 생활에서

헤어 나오지 못하는 사람들이 있다.

오늘과 다른 내일을 살고 싶다면 어떻게 해야 할까.

자신의 능력을 믿어야 한다.
그리고 끝까지 굳세게 밀고 나가라.
_ 로잘린 카터

새로운 무언가를 시도할 때 누구나 두려움을 느낀다. 그러나 어떤 사람은 두려움을 뿌리치고 앞으로 나아간다. 어떤 사람은 두려움에 사로잡혀 꼼짝도 못 한다. 진짜 문제는 두려움 자체가 아니라 두려움을 대하는 방식이다. 힘(선택, 에너지, 행동)으로 두려움을 뿌리칠지, 괴로움(무기력, 절망, 무능)으로 두려움에 사로잡힐지, 선택은 각자의 몫이다. 다만 두려움을 극복하고 싶다면 괴로움에서 힘으로 나아가야 한다. 힘을 갖게 되면 두렵다는 사실은 문제 되지않는다.

힘을 회복하기 위한 자기암시

힘에는 다른 사람을 복종시키거나 지배하기 위한 권력과 같은 부정적 의미도 있다. 그런데 내가 말하는 힘은 이것이 아니다. 우리가 주변 상황에 휘둘리지 않고, 주변을 더 사랑하게 도와주는 힘이다. 우리를 보다 관대하고 따뜻한 사람이 되게 하는 내면의 힘을 이야기하는 것이다. 세상을 올바로 인식하게 해주는 힘, 성장을 위해 필요한 일들을 할 수 있게 해주는 힘, 기쁨과 만족을 주는 힘, 사랑하는 힘을 의미한다.

이러한 힘은 건강한 자기애에서 나온다. 이기심과는 다르다. 이기주의자는 스스로 힘을 느끼지 못하기 때문에 주변 사람을 통제하려고 애쓰지만, 이 힘은 우리를 자유롭게 한다. 이 힘은 누군가를 원하는 대로 조종하는 것이 아니라 원하는 것을 스스로 하게 해준다. 이 힘이 없으면 마음의 평화가 오지 않으며 불안 속에서 살게 된다. 힘을 회복하기 위해 하루 세 번, 아침, 점심, 저녁에 다음 문장을 마음속으로 말해보자.

- 나는 강하며 사랑받고 있다.
- 나는 강하며 사랑스럽다.

• 나는 강하며 강한 나를 사랑한다.

계속 반복하다 보면 힘과 사랑이 조화를 이루면서 편안하게 느껴질 것이다.

괴로움도 힘으로 바꿀 수 있다

이제 우리가 일상에서 느끼는 괴로움을 힘으로 바꾸는 방법을 알아볼 차례다. 우선 다음과 같은 그림을 그려 보자.

괴로움에서 힘으로

괴로움 ⋯→ ⋯→ ⋯→ ⋯→ ⋯→ ⋯→ ⋯→ ⋯→ ⋯→ 힘

대부분은 그림의 중간쯤 위치해 있을 것이다. 두려워서 아무것도 못하는 상태는 아니지만 그렇다고 힘으로 가득 찬 상태도 아니다. 당장 목표를 향해 돌진할 자세가 되어 있지 않다. 양손에 무거운 것을 잔뜩 짊어지고 끙끙대며 산에 올라가

는 형국이다. 고대의 어느 현자는 이렇게 말했다. "우리 앞에 놓인 길은 평탄하다. 왜 스스로 앞길에 돌을 던지려고 하는가?" 다음 단계를 따라 하면 우리 앞에 놓인 돌을 치우는 데 도움이 될 것이다.

1. '괴로움에서 힘으로' 그림을 크게 그려 벽에 붙인다. 그림을 그리는 것만으로도 조금은 강해진 느낌이 들 것이다. 이미 '행동하고' 있으니까! 행동은 강력한 힘을 가지고 있다. 그림을 벽에 걸어 두고 보면서 당신이 어떤 삶을 지향하고 있는지 떠올린다. 시작이 반이다. 그림을 걸어 놓고 보는 것만으로도 충분한 동기부여가 될 것이다.

2. 삶의 무게로 힘겹다면 그림에 '천사들이 날아다닐 수 있는 것은 스스로 가볍다고 생각하기 때문이다.'라는 말을 써둔다. 삶과 싸우지 않고 즐기며 사는 법을 배운다면 어깨에 짊어진 무거운 짐을 어느 정도 덜어낼 수 있을 것이다.

3. 당신이 지금 어디쯤 위치했는지 생각해보고 그 지점에 핀을 꽂아 보자.

4. 매일 그림을 쳐다보며 자신에게 묻자. '나는 같은 장소에 머물러 있는가, 아니면 움직이고 있는가?' 그 답에 따라 핀을 움직인다. 어떤 때 무기력하게 느끼는지, 어떤 때 자신감이 생기는지, 혹은 다람쥐 쳇바퀴 돌듯 판에 박힌 생활에서 헤어 나오지 못하고 있는지, 대체로 괜찮지만 몇몇 부분에서 좀 더 분발할 필요가 있다고 생각하는지 고민해보자. 당신은 아직 완전한 자제력이나 힘을 갖추지는 못했을 것이다. 하지만 부처도 깨달음을 얻기까지 시간이 필요했다! 새로운 경험은 항상 어렵게 느껴지는 법이다.

5. 어떤 행동을 하기 전에 자신에게 묻는다. '이 행동은 내가 힘을 향해 나아가는 데 도움이 되는가?' 앞으로 가야 한다고 생각하고 있으면 어떤 상황에서도 적절한 결정을 내리는 데 도움이 된다. 이때 주의할 점이 있다. 일단 결정을 내린 뒤에는 힘들어도 후회하지 말아야 한다. 대신 어느 부분에서 책임을 회피하고 있는지 생각해보자. 다음번에는 다른 결정을 내릴 수 있다. 실수는 경험이다. 지난 일을 후회하는 것 역시 다른 괴로움 속에 나를 던지는 행위다.

6. 그림을 게임이라고 생각하며 가벼운 마음으로 즐기자. 만약 아이가 있다면 함께 도표를 만들어서 가족 게임으로 만들어도 좋다.

7. 그림을 응용해도 된다. 각 생활 영역마다 그림을 만들 수도 있다. 진정한 힘을 갖기 위해서는 생활의 모든 측면(일, 인간관계, 환경, 건강 등)에 골고루 힘을 분배할 필요가 있다. 어떤 영역에서는 아주 뛰어나지만 어떤 영역에서는 취약한 사람들이 있다.

8. 그림에서 어느 쪽으로 얼마나 움직였는지는 각자 판단할 수밖에 없다. 누구도 대신해줄 수 없다. 겉보기에는 변함없는 것 같아도 내면의 평화라는 측면에서 성장했을 수 있다. 그런데 내면의 평화와 성장은 전적으로 개인적인 느낌이다. 처음엔 어느 방향으로 가야 하는지 상기시켜주는 장치가 최대한 많이 필요하다. 힘에 초점을 맞추지 않으면 강해질 수 없다. 어떻게 해야 하는지 안다고 해서 그것을 할 수 있는 것은 아니다.

잠재의식은 들리는 대로 믿는다

괴로움에서 힘으로 가기 위해서는 말도 신중하게 선택할 필요가 있다. 우리가 사용하는 말은 삶의 질에 엄청난 영향을 미친다. 어떤 말들은 파괴적이고, 어떤 말들은 우리에게 힘을 준다. 의식적으로 기존에 쓰던 말들을 다음과 같이 바꿔 쓰자.

할 수 없다. → 하지 않을 것이다.

'할 수 없다'는 말은 우리를 무기력하게 만들지만 '하지 않을 것이다'라는 말은 선택의 언어이다. 저녁 초대를 거절할 때 "내일 회의 준비 때문에 갈 수 없어."라고 말한다면 우리의 잠재의식은 '할 수 없다'는 말만 듣고 '나는 약하다'라고 저장한다. 사실 '나는 갈 수 있지만 지금 당장 할 일이 있다.'는 것이 진실이다. 따라서 거절하는 이유를 다음과 같이 말하면 좋다. "나도 가고 싶지만 내일 중요한 회의가 있어. 발표 준비를 완벽하게 해야 마음이 편할 것 같아. 다음 기회에 다시 초대해줘."라고 말이다. 이 말은 진실하고 성실성, 힘이 느껴진다. 잠재의식은 우리의 말을 모두 듣고 있다. 선택의 언어를 사용하면 회의 때문에 어쩔 수 없이 초대에 응하지 못한 무기력한 희생자가 되지 않을 수 있다. 지금 이 순간부터 '그렇게 할 수 없다'는 말은 사용하지 않는다. 잠재의식은 진실 여부와 상관없이 들리는 그대로 믿는다.

해야 한다. → 할 수 있다.

'해야 한다.'라는 말도 패자의 언어다. 이 말은 우리에게 선택권이 없다는 의미를 함축하고 있다. 하지만 '할 수 있다.'라는 말에서는 힘이 느껴진다. "어머니를 찾아뵐 수 있지만 오늘은 영화를 봐야겠어."라고 말하면 '나는 어머니를 만나거나 영화를 볼 수 있어. 오늘은 영화를 선택할래.'가 된다. 즉 어머니를 뵙는 일은 의무가 아닌 선택이 된다. 반면 '해야 한다.'라는 말은 죄책감, 불안과 같은 소모적인 감정을 불러일으킨다.

그것은 내 탓이 아니야. → 내 책임이야.

"그것은 내 잘못이 아니야."라는 말은 자신이 무기력하다는 것을 인정하는 말이다. 우리에게는 무슨 일이 일어나든 책임지겠다는 자세가 필요하다. '병이 난 것은 내 잘못이 아니야' '직장을 잃은 것은 내 잘못이 아니야'라고 생각하면 우리가 할 수 있는 일은 없다. 하지만 스스로 책임지겠다고 생각하면 어떤 변화가 필요한지 알 수 있다. '병이 난 것은 순전히 내 책임이야. 이런 일이 반복되지 않으려면 어떻게 해야 할까?'라고 질문한다면, 식습관을 바꿀 수 있고, 스트레스를 줄일 수도 있으며, 금연을 할 수도 있고, 잠을 충분히 잘 수도 있다. 실직의 경우에도 마찬가지다. 스스로 상황을 책임지겠다고 생각하면 다음번에는 좀 더 잘하기 위해 어떤 변화가 필요한지 알 수 있다. 자기관리를 잘할 수 있다는 뜻이다. 이렇게 자기관리를 하게 되면 두려움은 줄어든다.

고민이 생겼다. → 기회가 생겼다.

'고민이 생겼다'는 말도 무기력하게 들린다. 대신 '기회가 생겼다'고 하면 성장을 위한 문이 열린다. 시련 속에서 선물을 볼 수 있다면 어려운 상황도 슬기롭게 헤쳐나갈 수 있을 것이다. 문제를 해결하고 앞으로 나아갈 때마다 점점 강해질 것이다.

그렇게 되기를 바란다. → 그렇게 할 것이다.

'그렇게 되기를 바란다'라는 말 대신 '그렇게 할 것이다'라고 말하면 힘을 느낄 수 있다. 예를 들어 "나는 취직되기를 바란다."라는 말과 "나는 취직할 것이다."라는 말이 주는 느낌은 분명히 다르다. 취직이 되기를 바란다고 생각하면 걱정하면서 잠을 못 이룰 것이다. 취직을 할 것이라고 생각하면 마음이 편안하다.

그렇게 하지 말아야 했어. → 다음엔 그렇게 하지 않겠어.

'그렇게 하지 말아야 했어.'라는 말은 징징거리는 푸념처럼 들리지만 '다음번엔 그렇게 하지 않겠어.'라는 말에서는 의지를 느낄 수 있다. "그에게 그런 말을 하지 말아야 했어."라는 말을 "그가 그 문제에 대해 예민하다는 걸 알았어. 다음번에는 좀 더 말을 조심해야지."라고 바꿔 말하면 좋다.

어떡하지? → 나는 해낼 수 있어.

우리 내면에는 전에 사용해본 적이 없는 놀라운 힘이 존재한다. 그 힘은 "난 해낼 수 있어. 걱정할 필요 없어."라고 말할 수 있게 해준다. "직장을 잃었어! 어떡하지?"라는 말에서는 탄식과 두려움이 느껴진다. 대신 "직장을 잃었지만 다른 방법이 있을 거야."라고 말한다.

큰일 났다. → 무언가를 배웠다.

사람들은 힘든 상황이 닥치면 입버릇처럼 큰일 났다고 말한다. 예를 들어 "지갑을 잃어버렸어. 큰일 났어."라는 식이다. 하지만 지갑을 잃어버린 것이 그렇게 큰일인가? 분명 불편한 일이지만 큰일은 아니다. "몸무게가 1킬로그램이나 늘었어. 큰일이야." 역시 큰일은 아니다. 우리는 사소한 일에도 큰일 났다고 말하고, 우리의 잠재의식은 그런 말을 들을 때마다 재난이 일어났다고 입력한다. 이제부터 큰일 났다는 말을 뭔가를 배웠다는 말로 대체해보자.

나는 암을 극복하고 삶의 중요한 교훈들을 얻었다. 암에 걸렸던 경험은 나와 주변 사람들에 대해 많은 것들을 가르쳐주었다. 무엇보다 내가 얼마나 많은 사랑을 받고 있는지 알게 되었다. 지금은 남편이 된 그에게서 여린 면을 보았고, 우리의 사랑이 더 깊어졌다. 우리는 더 이상 서로를 당연하게 받아들이지 않고 감사하는 마음을 갖게 되었다. 또 여러 가지 면에서 긍정적으로 바뀌었다. 음식을 조심하게 되었다. 분노,

원망, 스트레스를 해소하는 법을 배웠다. 세상에 공헌할 기회도 생겼다. 유방절제술에 관해 쓴 글을 계기로, 남편과 함께 텔레비전에 출연했다. 우리의 경험을 이야기함으로써 시청자들에게 희망을 주었다. 암에 걸렸다는 끔찍한 경험이 배우고 베푸는 기회가 된 것이다.

이제 큰 그림이 그려질 것이다. "큰일이야." "할 수 없어." "힘들어." 등의 부정적인 말을 사용하는 대신 힘 있는 말을 쓰자. 표현의 차이는 사소해 보일지 모르지만 실제로는 절대 그렇지 않다. 힘을 표현하는 어휘를 사용하면 우리 자의식뿐 아니라 사회에서 우리의 위치도 변한다. 내면의 힘이 드러나 보이는 사람들은 약해 보이는 사람들과 다르게 대접받는다. 말을 자신 있게 할수록 주변 세상에 좀 더 영향력을 미칠 수 있다.

무리라고 느낀 것들을 시도하라

말을 가려 쓰기 시작하면 '안전지대가 확장'되면서 점점 힘이 생긴다. 무슨 뜻이냐고? 우리 대부분은 익숙하고 편안한 영역 안에서 움직인다. 그 밖으로 나가면 불편해진다.

예를 들어 한 켤레에 75달러짜리 신발은 선뜻 사지만 100달러짜리는 부담스럽다. 동네 음식점에서 혼자 밥 먹는 건 괜찮지만 번화가의 고급 레스토랑에는 혼자 가지 않는다. 연봉 5천 달러를 올려달라고 요구할 수는 있지만 7천 달러는 지나친 것 같다. 한 시간 수수료로 30달러는 괜찮아도 35달러는 비싸다. 이런 식으로 사람마다 자신의 안전지대가 있다. 알게 모르게 누구나 자신이 편안하게 느끼는 범위 안에서 결정을 내린다.

나는 매일 어떤 영역이든 안전지대를 넓혀나가라고 제안하고 싶다. 오랫동안 만나지 않은 사람에게 전화하거나, 지금까지 신어보지 못한 비싼 신발을 사거나, 거절 당할까 봐 하지 못했던 무언가를 부탁해보는 것이다. 하루 한 가지씩 시도해보자. 큰일이든 작은 일이든 일단 행동으로 옮기면 기분이 좋아질 것이다. 마음먹은 대로 되지 않았다고 무기력하게 앉아 있을 필요는 없다. 시도했다는 데에 의미가 있다.

모험할 때마다 편안하게 느끼는 영역이 확장되면서 점점 강해지는 느낌이 들 것이다. 그럼 삶 전체가 확장되면서 계속 더 많은 경험을 하게 될 것이다. 힘이 세지면 자신감도 커지고, 안전지대를 확장하는 일이 점점 쉬워진다. 그리고 점점 더 큰 모험을 하게 된다. 누군가가 큰맘 먹고 15년 만에 다시 공부를 시작해서 결국 대학원까지 갔다는 이야기를 들어본 적 있을 것이다. 그런 사람들은 자신의 안전지대를 확장한 것이다. 생활반경이 넓어질수록 우리는 강해진다. 아주 작은 모험이라도 괴로움에서 힘으로 가는 여정에 도움이 된다.

매일 밤 잠들기 전에 다음날 어떤 모험을 할지 계획해보자. 가능하면 구체적으로 말이다. 어느 부분에서 뒤처졌는지를 스스로 파악해 앞으로의 모험을 계획한다. 뭔가 망설인다고 깨닫는 순간 그대로 밀고 나간다. 다시 한번 강조하지만, 안전지대를 확장할수록 우리는 더 강해진다. (주의 : 내가 말하는 모험에 과속운전이나 마약처럼 위험한 행동은 포함되지 않는다. 성희롱이나 도둑질처럼 다른 사람에게 피해 주는 행위도 포함되지 않는다. 그러한 행동에는 성실성이나 사랑이 없다. 우리에게 힘을 주지 못한다. 오히려 두려움을 극복하는 능력을 크게 떨어뜨린다.) 매일 자신감을 높여주는 모험을 하자. 그러한 모험만이 두려움을 극복하는 능력을 향상시켜준다.

누구나 자신의 생각보다 강한 힘을 갖고 있다. 그 힘은 외부에 있는 것이 아니다. 우리의 내면에서 언제든 밖으로 나가려고 기다리고 있다. 단지 우리가 모르고 있을 뿐이다. 우리들 대부분은 스스로를 나약하게 만드는 낡은 사고방식으로 무장하고 있다. 그 때문에 건강한 습관들이 몸에 밸 때까지는 끊임없는 반복 암시가 필요하다. 당신을 무기력한 상태로 잡아두는 부정적인 믿음 체계에서 벗어날 때까지, 이 책을 비롯한 좋은 책들을 반복해서 읽어보자. 우리는 원래 힘을 사용하도록 태어났다. 우리 모두 행복한 삶을 누릴 자격과 능력이 있다.

Lesson 04.

끊임없이 생각나는
부정적인 사고 날려 버리기

긍정적으로 생각하기

걱정이 많아서 걱정인 사람들이 있다.

아직 일어나지 않은 일들이지만 모두 안 될 것만 같다.

어떻게 해야 할까?

자신의 능력을 감추지 마라.
재능은 쓰라고 주어진 것이다.
그늘 속의 해시계가 무슨 소용이랴.
_ 벤자민 프랭클린

어느 날, 친구와 저녁을 먹다가 그녀가 어떤 상황을 맞이하든 긍정적인 면을 보게 하려고 열심히 설득했다. 그러자 그녀가 나를 한심하다는 듯 바라보며 말했다. "넌 왜 그렇게 순진하니?" 이 말을 듣고 나도 모르게 흥분해서 쏘아댔다. "긍정적으로 생각하는 게 잘못이야? 낙관적인 게 잘못이니? 모든 것에서 좋은 면을 보려고 하는 게 뭐가 잘못인데?" 그러고는 실망스럽게 중얼거렸다. "왜 사람들은 긍정적으로 생각하지 않는 거지?"

수업이나 워크숍에서 긍정적으로 생각하라는 이야기를 하면 사람들은 이런 식으로 말한다. "에이, 그런 생각은 비현실적이라고요!" 하지만 부정적인 사고가 더 현실적이라고 생각하는 이유를 물으면 대답하지 못한다. 대부분 아무런 근거 없이 긍정적인 생각은 비현실적이라고 간주한다.

우리의 삶을 떠올려보자. 우리가 걱정하는 일의 대부분은 실제로 일어나지 않는다. 걱정의 90퍼센트 이상은 현실에서 일어나지 않는다고 한다. 바꿔 말하면, 부정적인 걱정이 현실이 될 확률은 10퍼센트도 되지 않는다는 것이다. 따라서 항상 걱정하는 것이 결코 '현실적'이지 않다. 오히려 긍정적으로 생각하는 게 부정적으로 생각하는 것보다 현실적이지 않을까?

나는 어느 쪽이 더 현실적인지를 가려내려는 것이 아니다. 중요한 것은 단지 행복해질 수 있을 때 불행해질 필요가 없다는 것이다. 긍정적으로 생각하는 편이 우리 자신과 주변 사람들에게 행복을 안겨 준다면, 굳이 부정적으로 생각할 필요가 없다.

조앤과 메리의 삶이 달라진 이유

조앤과 메리는 둘 다 40대 중반에 남편을 잃었으나 사별의 아픔을 극복하는 과정에서 전혀 다른 태도를 보였다. 조앤은 비련의 여주인공이 되었다. 수년 동안 사람들로부터 동정심을 끌어냈고, 이젠 아무도 그녀와 함께 있고 싶어 하지 않는 지경에 이르렀다. 조앤은 다시는 사랑하는 사람을 찾지 못할 것이라고 생각했다. 남편이 남긴 유산은 겨우 먹고살 수 있을 정도밖에 되지 않았고, 나이가 많아서 취직도 할 수 없을 것 같았다. 몇 번 면접을 보기는 했지만 적극성이 부족해서 일자리를 얻는 데 실패했다. 그녀의 부정적인 생각들은 불행을 현실로 만들었다.

한편 메리는 남편을 잃고 나서 긍정적인 태도를 취했다. 남편을 잃은 슬픔을 추스르고 일어나 다시 출발했다. 뭐든 마음만 먹으면 할 수 있다고 생각하려고 노력했다. 메리의 남편 역시 유산을 넉넉히 남기지 않았기에 그녀 스스로 생계를 꾸려가야 했다. 메리는 취업 경력이 전혀 없었지만 자신이 할 수 있는 일이 있을 것이라고 믿었다. 기금 모금 자원봉사 경험을 살려 어느 자선단체에 취직했고, 2년 만에 정식사원이 되었다. 그러면서 전에 느껴보지 못했던 자신감과 보람을 느꼈다.

물론 지금도 가끔 남편이 그리울 때가 있지만, 홀로서기를 하면서 자신이 크게 성장했다는 것을 느끼고 있다. 메리의 친구들은 그녀를 따돌리지 않았다. 그녀가 항상 친구들의 삶에 열정과 활력을 불어넣어 주었기 때문이다. 메리는 시련을 겪은 경험을 살려 다른 사람들에게 용기를 주었다. 그녀의 긍정적인 사고방식은 즐겁고 행복한 현실을 창조했다. 이처럼 괴로움에서 힘으로 나아가야만 두려움을 극복할 수 있다.

어떤 생각이든 현실적이지도 비현실적이지도 않다

우리는 스스로 우리의 현실을 창조한다. 어떤 생각이든 현실적이거나 비현실적이라고 말할 수는 없다. 단지 우리가 그렇게 생각하는 것뿐이다. 조앤과 메리 둘 다 두려움을 느꼈지만 조앤은 두려움 속에 머물렀고, 메리는 힘을 발휘했다. 조앤의 두려움은 정체로 이어졌고, 메리의 두려움은 성장으로 이어졌다.

조앤은 여전히 친구가 없는 것, 혼자 죽는 것, 돈이 떨어지는 것에 대해 걱정하고 있다. 그녀는 좌절하면서 무기력하고 무능하게 살고 있다. 반면 메리는 자선 기금을 모금하고 텔레비전 인터뷰를 하고 회보를 발간하는 등 모든 일을 성공적으로 해내고 있다. 그녀는 즐겁고 활기차게 살고 있다. 긍정적인 사고를 배우면 내면의 힘을 회복하게 된다는 사실은 의심할 여지가 없다.

나는 긍정적 사고와 부정적 사고의 결과를 보여주기 위해 《영혼을 위한 닭고기 수프》 저자 잭 캔필드의 방법을 활용한다. 그 방법은 다음과 같다. 우선 한 명의 지원자를 받아서 자리에서 일어서게 한다. 그의 팔에 아무 문제가 없다는 것을 확인한 후 한쪽 팔을 옆으로 뻗고 주먹을 쥐라고 한다. 그러고 나서 지원자의 팔을 아래로 누르면서 있는 힘을 다해 버티라고 말한다. 결국 나는 지원자의 팔을 내릴 수 없었다.

이번에는 지원자에게 팔을 내리라고 한다. 눈을 감은 채 "나는 약하고 쓸모없는 인간이다."라는 부정적인 말을 열 번 되풀이하며, 그 말이 주는 느낌에 빠져보라고 한다. 다시 눈을 뜨고 아까처럼 한쪽 팔을 뻗어보라고 한다. 하지만 이번에는 그의 팔을 쉽게 내릴 수 있다. 그러면 지원자는 황당해한다. 어떤 사람은 억울해하면서 자기가 준비되면 다시 해보라고 한다. 하지만 두 번째 시도에서도 결과는 같다. 지원자의 팔은 곧바로 힘없이 내려간다.

마지막으로 나는 지원자에게 다시 눈을 감고 "나는 강하고 훌륭한 사람이다."라는 긍정적인 문장을 열 번 반복하라고 한다. 이번에도 그 말이 주는 느낌에 빠져보라고 하면서 말이다. 그런 다음 다시 팔을 뻗고 힘을 주라고 한다. 놀랍게도 그의 팔은 내려가지 않는다. 이번엔 첫 번째 시도 때보다 더 꿈쩍도 하지 않는다.

계속 실험해보아도 결과는 같았다. 지원자가 부정적 문장을 반복한 후에는 팔이 내려갔고, 긍정적 문장을 반복한 다음에는 팔이 내려가지 않았다. 그래도 의심하면 이번에는 지원자가 직접 긍정적 문장과 부정적 문장을 선택해서 다시 실험했다. 나는 교실 밖으로 나가 있고 지원자가 선택한 문장을 반복하는 것이다. 내가 다시 교실로 들어가 그의 팔을 눌러보았을 때, 그가 부정적인 문장을 말한 후에는 내려갔고, 긍정적인 문장을 말한 후에는 내려가지 않았다.

이 실험은 말이 지닌 놀라운 힘을 보여준다. 긍정적인 말은 우리를 강하게 만들고, 부정적인 말은 우리를 약하게 만든다. 더욱 놀라운 것은 우리가 그 말을 믿는지 여부는 상관없다는 것이다. 우리 내면의 자아는 우리가 하는 말을 무조건 믿는다. 무엇이 진실이고 거짓인지 전혀 모르는 것 같다. 내면의 자아는 판단하지 않으며, 단지 들리는 대로 반응할 뿐이다. "나는 약하다."라는 말을 들으면 '그는 오늘 약해지기를 원한다.'라는 지시를 보낸다. 반대로 "나는 강하다."라는 말을 들으면 '그는 오늘 강해지기를 원한다.'라고 지시한다.

이것은 무엇을 뜻할까? 우리가 더 이상 부정적인 생각을 하지 말아야 한다는 것이다. 부정적인 생각은 우리의 힘을 앗아가고, 두려움에 휩싸여 꼼짝도 못하게 만든다.

금세 부정적으로 돌아오는 생각 패턴

다들 알다시피, 긍정적 사고는 새로운 개념이 아니다. 노먼 빈센트 필, 나폴레옹 힐, 맥스웰 몰츠 등 많은 사람들이 오래 전부터 이를 주장해왔다. 여전히 그들의 책이 읽히고 있다. 그런데 왜 긍정적으로 생각하지 않는 사람이 여전히 많은 걸까?

내 생각에 사람들은 긍정적으로 생각하려면 어떻게 해야 하는지 잘 모른다. 긍정적 사고를 위해서는 특별한 각오와 많은 훈련이 요구된다. 그리고 긍정적 사고방식을 완벽히 터득한 후에도 유지를 위한 훈련을 계속해야 한다. 그렇지 않으면 애써 배운 긍정적 사고방식을 유지할 수 없다. 이렇게 하지 않아도 되는 사람이 있을지 모르지만, 아직 만나보지 못했다. 경험에 의하면, 꾸준히 훈련하지 않으면 원래 상태로 되돌아간다. 하지만 대부분의 사람들이 이 점을 소홀히 한다.

훈련하지 않으면 다시 부정적으로 생각하게 된다. 믿기 어렵다면 우리 몸으로 바꿔서 생각해보자. 열심히 운동해서 몸을 만들고 나서도 계속 운동해야 한다. 중단하면 기껏 생긴 멋진 근육이 사라지기 시작한다. 윗몸 일으키기를 50번씩 했다가도 중간에 쉬면 기껏해야 20번이 가능하게 된다. 사고력도 마찬가지다. 독서, 토론, 문제 해결이 일상의 일부가 되면 사고가 활발해진다. 하지만 2주 동안 해변에서 빈둥거리다 오면 머리가 멍해지고 원상태로 회복하기까지 며칠이 걸린다. 이런 경험은 한 번쯤 해보았을 것이다.

분명 우리가 가진 능력들은 끊임없는 강화를 필요로 한다. 긍정적 사고방식도 마찬가지다.

다이애나와 폴 폰 벨라네츠가 설립한 인사이드 에지The Inside Edge라는 단체가 있다. 그 단체는 유능하고 긍정적인 사람들로 구성돼 있다. 매번 단체의 일원이나 외부의 연사가 참석자들에게 용기와 힘을 주는 감동적인 연설을 한다. 그 단체에 자기계발 분야의 베스트셀러 저자들이 많이 참여하고 있다는 사실은 주목할 만하다. 자기계발 방법을 누구보다 많이 알고 있는 그들은 매주 모임을 하고, 서로를 격려하고, 긍정적인 사고를 훈련한다. 하루라도 훈련을 게을리하면 기분이 '가라앉는' 것처럼 느낀다고 말한다.

긍정적인 사고를 끊임없이 훈련하는 것이 성가시게 느껴진다면 매일 샤워, 면도, 화장을 하며 하루를 새롭게 시작한다는 것을 떠올려보자. 긍정적 사고도 마찬가지다. 매일 연습이 필요하다.

부정적인 사고를 효과적으로 날리는 법

자, 여기 부정적인 생각들 한 무더기가 있다. 이런 끔찍한 생각들을 어떻게 내면의 힘으로 바꿀 수 있을까? 망가진 몸매를 가꿀 때처럼 훈련 프로그램을 만들어 실천해보길 추천한다. 일단 시작하는 것이 중요하다. 하루하루를 더 즐거운 마음으로 보내기 위해 다음에 제시한 방법들 중에 마음에 드는 것부터 시작해 보자.

- 스마트폰으로 명상음악이나 자기계발 강연을 듣는다. 차에 있는 오디오 시스템을 활용할 수도 있다.
- 유튜브, 팟캐스트 등에서 나에게 자극을 줄 동기부여 강연을 찾는다. 처음에는 익숙하지 않더라도 일단 이렇게

찾은 강연들이 도움이 된다는 걸 알고 나면 더 많은 영상을 찾아보면서 뿌듯함을 느낄 것이다.

- 자신에게 자극을 주는 책을 읽는다. 도서관 대여는 추천하지 않는다. 책을 사서 여백에 글을 쓰기도 하고, 언제든 펼쳐보며 필요한 도움을 받는 것이 좋다. 물론 책 사는 데 돈이 들겠지만 충분히 가치 있는 투자다.
- 긍정적인 격언, 용기를 주는 명언들을 찾아 포스트잇에 적는다. 예를 들면 다음은 같은 것들 말이다.

'항구에 정박한 배는 안전하다. 그러나 그렇게 묶어놓으려고 배를 만든 것은 아니다.' (존 쉐드)

'곤경에서 벗어나는 최선의 방법은 정면 돌파하는 것이다.' (헬렌 켈러)

'성공하지 못한다 해도 실패한 것은 아니다. 시도했다는 것만으로도 성공한 것이다.' (작자 미상)

'모든 것이 얼마나 위험한지를 생각하면 정말 두려운 것은 없다.' (거르트루드 슈타인)

그리고 나도 한 가지 덧붙이고 싶다.

'두려움을 감수하고 일단 도전하라.' (수전 제퍼스)

• 포스트잇에 격언을 적어 거울, 책상, 냉장고, 자동차, 일기장 등에 붙인다. 정말 마음에 와닿는 글귀는 여러 장 써서 여기저기 붙여 두고 자주 읽는다. 만약 손재주가 있다면 이런 격언을 적은 장식용 벽걸이를 만드는 것도 괜찮다. 아니면 마음에 든 격언이 새겨진 벽걸이를 사서 장식하는 것도 좋다. 시간이 흐르면서 감동을 주는 격언이 자주 바뀌게 될 것이다. 상황에 따라, 시기에 따라, 격언을 바꾸어 붙인다. 놀이하는 기분으로. 유머 작가 잔 마셜이 말했듯, 인생을 심각하게 살아야 할 이유는 아무것도 없다.

• 우리가 원하는 변화가 이미 일어나고 있다고, 내일이나 언젠가가 아니라 바로 지금 일어나고 있다고 '자기 암시'를 건다. 예를 들면 '나는 오래된 나쁜 습관들을 버리고 있다.' '나는 모든 두려움을 다스리고 있다.' '내가 두려워할 것은 없다.' '모든 일이 마음먹은 대로 수월하게 진행되고 있다.' '나는 건강하고 멋진 몸을 만들고 있다.' '나는 삶을 평화와 기쁨으로 채우고 있다.' 이런 생각들을 주입하는 것이다. 이 외에도 얼마든지 있을 것이다. 자기 암시를 할 때는 항상 현재시제로 이야기한다. '나는 두려움을 극복할 것이다.' 대신에 '나는 지금 두려움을 다스

리고 있다.'라고 말이다. 자기암시문은 부정문이 아닌 긍정문이어야 한다. '나는 더 이상 자기비하를 하지 않는다.'보다는 '나는 매일 점점 더 자신감이 생기고 있다.'라는 식으로 긍정적인 표현을 쓴다.

우리의 궁극적인 목표는 부정적인 생각을 몰아내는 것이다. 물론 쉬운 일은 아니다. 머릿속 작은 악마는 여간해서는 사라지지 않는다. 온갖 방법을 동원해서 저항한다. 따라서 처음엔 전속력으로 달려야 한다! 첫날은 하루 종일 머릿속 작은 악마를 몰아내는 것으로 보낸다. 일단 그 작은 악마를 제어하고 긍정적 사고에 익숙해지고 나면, 매일 몇 가지 긍정적인 생각을 환기하는 것만으로도 기분이 좋아질 수 있다.

긍정적 사고를 굳히기 위한 루틴

다음은 긍정적 사고를 굳히기 위한 나의 하루다. 나는 아침에 눈 뜨면 전날 골라 놓은 동기부여 강연을 튼다. 대부분의 강연은 20~30분 정도다. 눈을 감고 누워 사기를 북돋워 주는 메시지를 들으며 가벼운 마음으로 하루를 시작한다. 강연이 끝나면 일어나 벽과 침대, 탁자, 거울 등에 붙여 놓은 긍정적인 말들을 읽는다. 그러고 나서 편안한 음악을 듣는다.

음악을 들으면서 옷을 입는 사이 머릿속 작은 악마가 떠들기 시작한다. 잠깐 방심한 사이에 슬쩍 끼어드는 것이다. 그 목소리를 인식하자마자 자기암시로 그것을 대체한다. 자기암시를 하기에 가장 좋은 장소는 거울 앞이다. 적어도 10분 정도 그날 선택한 긍정적인 문장을 반복해서 되뇐다. 이렇게 자꾸 연습하다 보면 부정적 목소리는 점점 사라지고 긍정적인 목소리가 자리를 잡게 된다.

이때 주의할 점이 있다. 텔레비전이나 라디오의 뉴스를 듣지 않는 것이 중요하다. 뉴스는 주로 부정적인 내용이 많다. 당분간 하루를 준비하면서 긍정적인 뉴스만 선택해서 듣도록 한다. 아침 식사를 하면서 신문을 읽는 습관이 있다면 1면에 실린 우울한 기사들은 피하고 재미있는 기사를 골라서 읽어본다. 아니면 자기계발서를 읽는 것도 좋다.

나는 뉴욕에서 두려움 극복에 관한 강의를 할 때 뉴스를 차단하라고 말했다. 그것만으로도 수강생들은 몰라보게 긍정적이 되었다. 친구들을 만나 세상이 얼마나 비참한지에 관해 이야기하는 대신 긍정적인 생각들을 나누기 시작했고, 대화는 점점 활기차고 즐거워졌다. 일단 긍정적인 사고를 습관으로 만들면 다시 신문을 읽고 뉴스를 들어도 좋다. 이때는 나쁜 소식을 보다 건설적으로 접근할 수 있게 될 것이다. 하지만 하루를 시작하고 끝내는 시간에 뉴스를 듣는 것보다는 부정적인 감정을 소화할 여유가 있을 때 듣는 것이 좋다.

매일 운동을 하면서 긍정적인 사고를 주입하는 방법도 있다. '몸에 힘이 생기는 것이 느껴진다.' '나는 매일 점점 더 건강해지고 있다.'라는 자기암시를 걸면 운동 효과가 훨씬 좋아질 것이다.

이제 출근할 시간이다. 나는 내 차를 '교실'로 만들 생각에 기꺼이 운전석에 앉는다. 시동을 켜자마자 동기부여 강연 하나를 골라 플레이한다. 아니면 영화 〈갈매기의 꿈〉이나 〈록키〉〈불의 전차〉 OST처럼 신나는 음악을 듣는다. 어떤 사람들은 운전하는 시간을 낭비라 생각하지만 나는 그 시간을 유익하게 보낸다.

걸어서 출퇴근할 때 이어폰을 끼고 음악 듣는 것은 권하지 않는다. 시끄러운 장소에서 들으려면 소리를 너무 높여야 하기 때문에 청력에 해로울 수 있다. 하지만 조용한 거리를 걷는 동안에는 긍정적인 생각을 주입시킬 수 있는 좋은 기회가 된다. 만약 집에서 일을 한다면 마음이 내킬 때마다 긍정적인 메시지를 들어본다. 집에 아이들이 있다면 아이들에게 긍정적인 영향을 줄 수도 있을 것이다.

노트에 그날의 자기암시 문구를 적어본다. 노트를 펼칠 때마다 그 문장들을 찾아 반복해서 읽는다. 자기암시 문구를 카드에 적어 책상 위에 올려두거나, 지갑에 넣거나, 잘 보이는 곳에 놓아두는 것도 좋다. 이렇게 하면 아침 의식에서 얻은 활기를 하루 종일 유지하고 싶을 것이다. 슬그머니 중압감과 회의감이 밀려들면 자기암시를 반복하며 긍정적인 기분을 유지한다.

잠자리에 들기 전에는 긴장을 풀어주는 음악이나 강연을 들으면서 편안한 메시지를 받아들인다. 하루 동안 잘한 일들은 스스로 칭찬해주고 마음먹은 대로 되지 않는 일이 있더라도 용기를 북돋워 준다.

이 훈련을 성실히 수행하면 삶이 몰라보게 달라진다. 긍정적 사고는 생활 속의 모든 것을 변화시킨다. 부정적인 목소리가 사라지면, 지금까지 왜 항상 두려워하면서 살았는지 의아해진다. 게다가 전에 느끼지 못했던 힘을 갖게 된다. 더 많이 웃고, 더 많이 사랑하게 된다. 긍정적인 사람들을 만나게 되고, 점점 건강해진다. 살아 있다는 것을 행복하게 느낀다.

나는 수년 동안 긍정적 사고를 유지하기 위한 훈련을 해왔고, 지금도 매일 부정적인 사고를 제거하는 데 시간을 보낸다. 훈련을 중단하면 기분이 서서히 가라앉는 것을 느끼고, 훈련을 다시 시작하면 기분이 좋아진다. 항상 나 자신에게 질문한다. '훈련을 하면 이렇게 기분이 좋아지는데 왜 게을러지니?' 긍정적 사고를 유지하려면 매일 훈련해야 한다는 사실은 아무리 강조해도 지나치지 않다. 적어도 한 달은 열심히 연습해야 한다. 마음먹은 만큼 열심히 하지 못한 날에도 자책해선 안 된다. 머릿속 악마가 넌 구제불능이라고 속삭이면 '난 아주 잘하고 있다!'라는 말로 물리친다.

한 가지만 더 이야기하겠다. 긍정적 사고를 한다는 핑계로 현실을 부정해서는 안 된다. 긍정적 사고방식은 세상에 존재하는 고통과 시련을 부정하는 것이 절대로 아니다. 세상에는 해결해야 할 많은 문제점이 있다. 굶주림, 인종차별, 핵 전쟁, 환경오염이 지구를 위협하고 있다. 이 외에도 많은 문제가 있다. 우리 모두와 관련된 문제다. 아직 답이 보이지 않는다 해도 우리가 기여할 수 있다는 관점으로 접근해야 한다. 현실을 부정하면 문제를 방치하게 되고, 희망도 없다. 아무도 고통에서 자유로울 수 없다. 고통이 존재한다는 사실도 부정할 수 없다. 우리에게 중요한 것은 외부 상황이 어떻든 생산적이고 의미 있는 삶을 살 수 있다는 점이다.

Lesson 05.

가족들이 내 의지를 꺾으려고 해도 부러지지 않기

사람들을 내 편으로 만들기

새로운 것에 도전하고 있다.

가까운 사람들은 달라진 나를 반가워할 줄 알았는데,

응원은커녕 찬물을 끼얹는다. 대체 왜 이럴까?

모든 것들에는 나름의 경이로움과 심지어 어둠과 침묵이 있고,
내가 어떤 상태에 있더라도 나는 그 속에서 만족하는 법을 배운다.
_ 헬렌 켈러

긍정적으로 생각하면 삶이 훨씬 순탄해진다. 그런데 우리가 긍정적인 생각을 행동으로 옮기고, 오랫동안 꿈꾸던 변화를 만들기 시작하면 갑자기 주변 사람들의 태도가 이상해진다. 가족이나 친구들이 변화를 탐탁지 않게 생각하는 것이다. 개과천선하는 중인데 말이다! 대체 왜 그러는 걸까?

주변 사람들은 어떤 방식으로든 기존 당신의 모습과 상호작용하는 것에 익숙하다. 그런데 그러한 상호작용이 깨졌기 때문에 다양한 모습으로 혼란스러움을 표현하는 것이다. 이 혼란스러움은 아주 성가신 것이 될 수 있다. 아군의 응원이 필요한 마당에 적군을 만난 격이다! 우리의 성장을 못마땅하게 여기는 사람들을 어떻게 대해야 할까.

이야기하기에 앞서 우리 주변 사람들을 자세히 들여다보자. 그들은 우리의 성장을 도와주고 있나, 아니면 우리를 성장의 사다리에서 끌어내리고 있나? 그들과 함께 있으면 기분이 좋아지나, 아니면 그들의 부정적인 생각에 오염되나? 그들은 우리가 새롭게 변화된 것을 축하해주나, 아니면 못마땅하게 생각하나? 만약 대답이 후자라면 그들과의 관계를 어떤 식으로든 정리할 필요가 있다. 우리의 목표는 괴로움이 아니라 자신의 힘으로 두려움과 마주하는 것이다.

부정적인 친구는 끊어라

만약 주변 사람들이 약하고, 답답하고, 우울한 사람들이라 해도 걱정할 필요는 없다. 그런 사실을 안 것만으로도 큰 발전이다. 우리 대부분은 투덜거림, 푸념을 멈추고 나서야 자신이 불평불만을 일삼는 사람들과 어울렸다는 것을 깨닫는다. 그걸 알게 된다면 상황은 저절로 개선된다. 어떻게? 아주 간단히. 우리가 성장하면 더 이상 우울한 사람과 함께 있고 싶지 않다.

부정적인 사고는 전염되기 때문에 부정적인 사람과 함께 시간을 보내고 나면 울적해진다. 긍정적인 사고 역시 전염되며, 긍정적인 사람과 함께 하면 날개를 펴고 날아갈 것처럼 가벼운 기분이 든다. 누구나 어떤 사람이 긍정적인지 부정적인지 구분할 수 있을 것이고, 당연히 긍정적인 사람에게 끌릴 것이다. 유유상종이라는 말이 있다. 누군가의 주변 사람을 보면 삶에 대해 어떤 태도를 갖고 있는지 알 수 있다. 우리가 변하면 만나는 사람들도 자연스럽게 바뀌게 된다.

내가 이런 이야기를 하면 어김없이 누군가 이런 질문을 한다. "그럼 옛날 친구들은 어떻게 되는 거죠?"

옛 친구를 떠나야 한다고 생각하면 죄책감이 들 것이다. 그러나 쓸데없는 걱정이다. 우선 그런 걱정은 그 친구가 내가 없으면 안 될 정도로 충분히 강하지 못하다는 가정에서 나오는 것이다. 주제넘은 생각이고, 그 친구를 우습게 보는 거나 마찬가지다. 우리가 그들의 삶에서 물러나면 그들은 새로운 친구들을 사귈 것이다. 불평불만 모임은 앞으로도 오랜 세월 동안 계속될 것이고, 그들을 언제라도 환영해줄 것이다.

아니면 우리가 열심히 사는 것을 보고 친구들도 자극 받아 새로운 세계에 눈뜨게 될 수도 있다. 그들도 힘과 행동과 사랑을 향한 여정에 동참하게 될지도 모른다. 그렇게 된다면 더 바랄 것이 없을 것이다. 옛 친구들과 동행하더라도 당신은 지원자를 더 만들기를 원할 것이고, 노력하면 방법을 가르쳐줄 훌륭한 역할 모델을 찾을 수 있을 것이다.

지원자란 우리에게 자신감을 느끼게 해주는 사람들을 말한다. 다시 공부를 시작하거나 새로운 직장으로 옮기려고 할 때 "잘 생각했어. 넌 잘할 수 있을 거야. 걱정하지 마. 잘해봐!"라고 말해주는 친구 말이다. "너무 위험한 모험을 하는 거 아냐? 경쟁이 너무 치열해서 안 될 걸. 그냥 편하게 사는 게 나을 거야."라는 식으로 말하는 사람은 도움이 되지 않는다.

새로 사귈 친구들 중에는 우리보다 훨씬 앞서간 사람들이 필요하다. 매릴린 퍼거슨은 《뉴에이지 혁명The Aquarian Conspiracy》이라는 책에서 이렇게 말했다. "거친 물살을 헤쳐 나가야 할 때에는 다리를 건설해본 사람들, 절망과 타성을 이겨낸 경험이 있는 사람들과 함께하면 도움이 된다."

사람들을 보다 나은 곳으로 인도하는 것도 좋지만, 길을 안내하는 사람들을 따라가는 것도 좋다. 스스로 길을 개척할 필요가 없다면 여행이 더 즐겁고 수월해질 수 있다. 긍정적인 사람들은 분위기도 밝다. 그들은 인생을 너무 진지하게 살지 않는 법을 배운 사람들이므로 함께 있으면 즐겁다. 마음의 평화와 자신감을 얻기 위해서는 긍정적인 사람들의 도움을 받을 필요가 있다. 먼저 변화와 성장을 시도한 친구들을 만나거나 관련 단체에 가입한다. 다시 말하지만, 부정적인 친구들에 대해서는 걱정하지 않아도 된다. 그들 스스로 떠나거나 우리를 따라올 것이다.

만나는 사람을 바꾸면 인생이 바뀐다

최근에 귀감이 될 만한 사람을 만난 적이 있는지 생각해본다. 없다면 연락처를 알아내 용기 내어 전화해본다. 좋은 인상을 받았고, 친해지고 싶다고 말한다. 점심이나 저녁을 함께 먹고 싶다는 말을 건네 보자. 처음에는 무척 어색하게 느껴질 것이다. 내가 14년 전에 처음으로 이런 방법을 시도했을 때, 심장이 쿵쾅거렸다.

다행히 내가 연락한 그녀는 갑작스러운 전화에도 감동했다고 말해주었다. 당시 나는 자신감이 없었고 그녀가 나를 피할 것만 같아서 두려웠다. 하지만 그녀는 내가 전화를 걸어주어 정말 기쁘다고 거듭 말했다. 우리는 그날 함께 즐거운 저녁 시간을 보냈고, 지금까지도 계속 좋은 친구로 남아 있다.

시간이 지나면서 그런 식으로 새로운 사람을 만나는 것이 쉬워졌다. 지금 나는 훌륭한 친구들에게 둘러싸여 있다.

중요한 것은 노력이다. 처음부터 저절로 되는 일은 아무것도 없다. 우리 스스로 새로운 친구를 찾아 사귀어야 한다. 두려워도 해야 한다! 몇 번 거절을 당하더라도 계속해보자. 열 명 중의 한 명이라도 만나주면 좋은 것이다. 어쩔 수 없는 이유로 만남이 이루어지지 않더라도 우리가 보여준 관심에 그는 우쭐해질 것이다. 단지 전화를 거는 것만으로 사람들을 기분 좋게 해줄 수 있다.

새로운 사람을 만날 수 있는 장소로 자기계발 강좌나 워크숍, 세미나가 있다. 그곳에 가면 이미 성장의 길을 걷고 있는 사람들을 만날 수 있다. 그들에게서 여러 공통점을 발견할 수 있을 것이고, 그 친근감은 당신이 쉽게 마음을 열 수 있게 해줄 것이다.

가장 가까운 사람의 두려움부터 이해하라

배우자가 나를 끌어내리는 사람이라면 어떻게 해야 할까.

이건 중요한 문제다. 종종 우리의 성장을 방해하는 사람이 배우자일 수 있다. 배우자가 도와주지 않는다는 사실에 사람들은 충격을 받고 실망하지만 알고 보면 그렇게 놀라운 일도 아니다. 부부관계에서 한 사람이 배를 흔들기 시작하면 다른 사람은 지금까지 쌓아온 것들을 하루아침에 잃어버릴 것 같은 느낌을 받게 된다. 결국 얻을 것이 더 많다는 사실을 깨닫기까지는 시간이 걸린다. 다음 두 가지 일화는 아무리 바람직한 변화라고 해도, 부부 사이에서 상대방의 변화를 받아들이기가 얼마나 어려운지 단적으로 보여준다.

도리스는 내가 처음 가르친 수강생들 중 한 명이다. 롱아일랜드에 사는 18년 동안 겁나서 멀리 여행하지 못했다. 내 강의를 들으러 오기 전까지는 몇 년 동안 거의 집에서만 지냈다. 짐작했겠지만, 그녀는 공황장애가 있었다. 내 강의 주제는 공포증이 아니라 일상적인 두려움에 관한 것이었지만, 그녀는 뭔가에 이끌려 내 강의를 들으러 온 것이었다.

그녀는 겁이 나서 혼자 강의를 들으러 오지 못했다. 남편 테드가 그녀를 차로 태워다 주고 수업이 끝날 때까지 아래층에서 기다렸다. 그녀가 강의를 듣기 위해서는 남편의 전폭적인 지원이 필요했다. 수업 중에 이야기할 차례가 되면 그녀의 얼굴에는 괴로운 표정이 역력했다. 언제 공황발작이 일어날지 몰라 잔뜩 겁을 먹었다. 나는 그녀에게 '역설적 의도paradoxical intention'라는 방법을 추천했다. 간단히 말하면, 두려워하는 것을 의도적으로 시도하는 것이다. 나는 그녀에게 공황발작이 일어나게 하라고 말했다.

예상했던 대로 아무리 노력해도 공황발작은 일어나지 않았고, 그녀는 결국 소리 내어 웃기 시작했다. 우리 모두 따라 웃었다. 그 후로부터 그녀는 건강을 회복해갔다. 그녀는 숙제를 부지런히 해왔고, 얼마 후에는 직접 운전을 하고, 혼자 쇼핑을 하고, 지하철도 탔다. 다른 수강생들과 나는 그녀가 변화하는 모습을 기쁜 마음으로 지켜보았다.

어느 날 그녀가 다소 근심 어린 얼굴로 강의실에 들어왔다.

"남편이 저를 방해하는 것 같아요. 제가 집을 나설 때마다 온갖 두려운 생각을 제 머릿속에 심어주려고 해요. 집에 돌아가서 제가 뭔가를 해냈다고 신나서 이야기하면 그는 시무룩해져요. 쌀쌀맞게 대하기도 하고요. 정말 화가 나요. 무슨 영문인지 모르겠어요. 대체 왜 그러는 거죠?"

테드가 그렇게 행동하는 이유에는 여러 가지가 있었다. 우선 그는 아내의 변화에서 위협을 느낀 것이다. 그녀가 성장의 길을 걷기 전에는 그가 집에 가면 항상 그녀가 기다리고 있었다. 그녀가 무엇을 하는지 밖에서 의심하고 걱정할 필요가 없었다. 그녀의 공포증으로 인해 테드도 생활에 제약을 받긴 했지만 편안하고 안정적인 생활을 했다.

다른 이유로는 현실적인 걱정도 있다. 그녀는 오랫동안 새장 속에 사는 작은 새였다. 집이라는 안전한 울타리 안에서 지내던 그녀가 바깥세상에 나가서 활보하고 다니다가 무슨 일이라도 당하지 않을까 걱정스러울 것이다. 처음 길을 건너는 아이를 보는 것처럼, 그녀가 위태롭게 보였을 것이다. 또한 그는 아내의 홀로서기가 불안할 것이다. 오랜 세월 동안 그녀는 그의 도움을 절실히 필요로 했다. 하지만 이제 혼자서도 잘해낸다. 그의 도움이 더 이상 필요하지 않은 그녀가 여전히 그를 원할까? 이런 생각에 테드는 당연히 도리스의 성장을 도와주기 어려웠을 것이다.

도리스는 남편의 심정을 이해하고, 이제 도움이 필요한 사람은 남편이라는 사실을 깨닫기 시작했다. 그녀는 화내는 것이 그에게 도움되지 않는다는 것을 인정했다. 시간이 걸렸지만 결국 전보다 더 확고한 부부관계로 변화하는 데 성공했다. 도리스가 다시는 새장 속의 새로 돌아가지 않겠다고 결심한 것이 중요한 역할을 했다. 남편과 헤어지는 한이 있더라도 어쩔 수 없다고 생각했다. 오랜 세월 고통을 겪을 만큼 겪었고, 이제는 건강해질 자격이 있다고 믿었다. 그 때문에 테드가 어떤 방해 공작을 펴도 소용없었다. 그는 아내의 변화에 적응하지 않으면 그녀를 잃어버릴 처지에 놓였다. 테드는 마침내 도리스의 성장을 진심으로 지원해줄 수 있게 되었다.

로나와 빌도 비슷한 경우다. 로나는 마치 패션 잡지에서 방금 걸어 나온 것처럼 보이는 아름다운 여성이었다. 하지만 3년 전만 해도 120킬로그램이 넘는 거구였다. 의사는 그녀가 살을 빼지 않으면 건강이 크게 악화될 것이라고 경고했다. 초인적인 의지로 살을 뺀 그녀는 날씬한 몸매를 유지하며 새로운 인생을 살게 되었다.

로나의 남편 역시 여러 우여곡절을 거쳐야 했다. 가는 곳마다 남성들의 시선을 끄는 아름다운 아내를 가졌다는 사실을 받아들이기 힘들었다. 알게 모르게 아내가 다른 남성들을 유혹하고 다닌다고 비난했고, 성관계를 거부했고, 아내에게 살찌는 음식을 사다 주는 등 교묘한 방법들로 아름다운 아내를 괴롭혔다.

그러다가 빌은 자신이 아내가 건강한 삶을 사는 것을 못마땅해한다는 사실을 깨닫고 충격을 받았다. 그리고 자신이 느끼는 불안감이 서로를 힘들게 한다는 것을 알고 전문가의 상담을 받았다. 그들은 지금 화목하게 살고 있다.

달라진 관계들

모든 부부관계가 도리스와 로나의 경우처럼 잘 풀리는 것은 아니다. 결혼생활에서 불문율의 변화는 두 사람의 관계가 끝났다는 신호가 될 수 있다. 결혼생활이 무너질 수 있다고 생각하면 두려운 마음이 들 것이다. 그러나 나는 지금까지 관계보다 성장을 선택한 것을 후회한 사람을 한 명도 보지 못했다. 다음 두 가지 사례를 보자.

리처드는 대체로 안전한 선택을 했다. 회계사로 일하면서 격주로 보수를 받았으며, 아내와 두 아이와 안정적인 생활을 꾸려가고 있었다. 그런데 30대 후반이 되자 다양한 인생 경험을 해보고 싶어졌다. 때마침 그가 회계를 맡은 회사가 경매로 나온 것을 알게 되었다. 전망이 밝은 소규모 컴퓨터 회사였다. 자본금을 마련해서 그 회사를 사고 싶다고 말했을 때 그의 아내는 경제적으로 불안해질 수 있다며 반대했다. 경험 없는 그가 과연 회사를 경영할 수 있을지도 의심스러워했다.

하지만 리처드는 자신의 정신건강을 위해서라도 새로운 도전을 하기로 결심했다. 실패할 수도 있었지만 만약 성공하면 남은 인생 동안 하고 싶지 않은 일에 매달리며 살지 않을 수도 있었다. 아내의 반대에도 그는 마침내 자본금을 마련해서 회사를 매수했다. 그 과정에서 그의 가정생활은 완전히 변했다. 사업을 시작해 어느 정도 자리가 잡히기까지는 오래 걸렸다. 그의 아내는 그를 원망하면서 도움을 주지 않았다. 그는 아이들이 자기 앞가림을 할 수 있을 만큼 자랐으니 아내에게 회사 일을 도와달라고 부탁했지만 거절당했다.

가정불화가 계속되자 집에 들어가는 것이 싫어졌고 이혼을 생각하게 되었다. 그의 아내는 단지 자기 말을 듣지 않는다는 이유로 그를 이기적이고 무정한 사람이라고 비난했다. 리처드는 결국 이혼했고, 사업에 크게 성공했다. 그는 만약 기회가 왔을 때 잡지 않고 그대로 지냈으면 어땠을까 하고 생각하면 진저리가 난다. 결혼생활이 파경에 이르렀지만 두려움을 감수하고 변화에 성공했다. 그리고 수년 후 서로의 성장을 도와줄 수 있는 여성을 만났다. 그는 이제 자신감에 가득 차 있다.

실라 역시 건강하지 못한 관계보다 성장을 선택했다. 그녀는 어린 나이에 결혼해 4년 만에 두 아이의 어머니가 되었다. 하지만 전업주부로서의 삶에 만족하지 못하고 남편 로저의 도움을 받아서 다시 공부를 시작했다. 5년 만의 공부라 학습 능력을 잃어버렸을까 걱정했지만 얼마 안 가 학생들 사이에서 스타가 되었다. 결국 우수한 성적으로 졸업했다. 용기를 얻어 석사학위에 이어 박사학위까지 받았다.

남편 로저는 공부하는 아내를 대견하게 생각했고, 아이들을 정성껏 돌봐주었다. 하지만 몇 년 후 마침내 그녀가 벽에 박사학위증을 걸자 관계가 틀어지기 시작했다. 그녀는 고학력의 전문 지식인이 되었고, 로저는 석사학위 소지자일 뿐이었다. 그는 아내와의 대화를 거부했고 귀가 시간도 늦어졌다. 대학을 나오지 않은 여자를 만나서 외도를 했다.

그들은 결국 헤어졌다. 실라는 얼마 동안 힘든 시간을 보냈지만 자신의 능력을 발휘하는 데 기쁨을 느끼기 시작했다. 그녀는 다시 공부를 시작해 사회적으로 성공할 수 있었던 선택을 후회하지 않았다. 딸들도 이제는 어머니의 성공을 아주 자랑스러워한다. 그녀는 딸들에게 훌륭한 역할 모델이 되고 있다. 그리고 그녀의 적극적인 생활 태도를 사랑하고 그녀의 성장에 위협을 느끼지 않는 남자를 만나 재혼했다.

익숙한 관계를 흔들 수도 있는 모험을 하려면 엄청난 용기가 필요하다. 하지만 해볼 만한 가치가 충분히 있다. 단지 배우자를 화나게 하고 싶지 않다는 이유로 옴짝달싹 못 한다면 영원히 성장의 기회를 놓칠 것이다. 결혼생활에 긴장이 심해질 것이고, 관계가 어떤 식으로든 무너질 수밖에 없다. 나는 사람들에게 당신의 배우자는 당신이 잘되기를 바라며, 결국 긍정적인 변화를 사랑하게 될 것이라는 사실을 믿으라고 조언한다.

우리가 가능성을 꿈꾸며 적극적인 태도를 보이면 당황하는 사람은 배우자뿐만이 아니다. 다른 가족들도 마찬가지다. 자녀들은 토라지고 부모들은 비판적이 될 수 있다. 그들 역시 지금까지의 방식에 익숙해져 있기 때문에 변화에 저항하는 것이다. 아이들은 부모들의 죄책감을 이용해 꾀를 부린다. 부모들은 저마다 다르긴 하지만 모호하고 다정한 말투로 우리의 자존심에 상처를 주는 경향이 있다. "너 정말 할 수 있겠어? 혼자 하겠다고 고집부리다가 잘된 적 있니?" "이혼은 다시 생각해보는 것이 좋겠다. 서른 넘는 데다 애가 둘이나 있는 여자를 누가 좋다고 하겠어?" "너 요즘 너무 이기적으로 행동하는 것 같구나. 정말 안하무인이야."

하지만 부모들은 그런 말에 자녀가 상처받는다는 것을 알면 반성하고 중단한다. 나는 어머니에게 하루 종일 내 걱정을 하는 것은 나를 믿지 못하기 때문이라고 말했다. 어머니는 펄쩍 뛰면서 내가 세상에서 가장 똑똑하고 유능한 여자라고 생각한다고 말했다. 정말 그렇게 생각한다면 왜 걱정하는 거냐고 반박했더니, 그제야 내가 걸음마를 시작했을 때부터 대하던 방식으로 나를 대하고 있다는 것을 깨닫고 깜짝 놀랐다.

그 후 어머니는 완전히 달라졌다. 이제 나의 자존심을 세워주는 가장 큰 후원자가 되었다. 요즘은 항상 내게 격려를 해준다. "너는 할 수 있단다. 넌 마음만 먹으면 무엇이든 할 수 있어!" 우리가 무엇을 하든 성원을 보내주는 가족이 있다는 것은 커다란 행운이다.

주변 사람들을 내 편으로 만드는 법

가족들 사이에서도 소유욕 때문에 불화가 일어난다. 따라서 서로에게 유익한 상황을 만드는 기술을 배우는 것이 중요하다. 무엇보다 가장 가까운 사람들의 어이없는 행동을 다룰 수 있어야 한다. 내 경험을 예로 들어보겠다.

내가 대학에 다시 다니겠다고 하자 어머니, 남편, 아이들, 친구들까지 모두 어리둥절해 했다. 어머니는 어떻게 자식들을 집에 두고 밖으로 나돌 수 있는지 이해하지 못했다. 남편은 내 생활을 따로 갖는다는 것에 대해 못마땅하게 생각했다. 아이들은 내가 집에서 모든 것을 챙겨주지 못한다는 죄책감을 느끼게 했다. 친구들까지 주부이자 어머니로서 내가 잘못하는 것이라고 충고했다.

가족들의 반응은 나를 불안하게 만들었다. 그래서 나를 힘들게 하는 사람이 있으면 무조건 반발했다. 격동의 시기였다. 당시 나는 그들이 화를 내고 부적절하게 반응하는 이유를 이해할 수 있을 만큼 성숙하지 못했다. 사실 나야말로 부적절하게 처신을 하고 종종 밉살스럽게 굴었다.

건강한 자아를 찾아가는 과정에서 수동성과 공격성 사이를 수없이 오락가락하게 된다. 공격적이 됐을 때는 다음과 같은 말을 했다. (사실 오락가락하는 와중에 더 심한 말도 했다.)

"어떻게 나한테 이럴 수가 있어요!"
"당신이 무슨 생각을 하든 상관없어. 내 마음대로 할 거야!"
"나는 당신이 필요 없어. 예전에도 필요 없었어!"
"내가 이기적이라고? 당신은 어떻고?"

이처럼 공격성을 보인 이유는 다시 수동적인 삶으로 돌아가지 않으려고 안간힘을 썼기 때문이다. 사실 이렇게 심한 말을 하고 싶었던 것은 아니다. 하지만 무기력했던 자신으로 돌아가는 것보다는 낫다고 느낀 것이다. 이것은 변화를 겪는 과정에서 충분히 있을 수 있는 일이다. 아직 확신이 서지 않기 때문에 있는 힘껏 자기방어를 하는 것이다. 부적절한 행동을 하는 자신을 발견하더라도 자책하지 않아야 한다. 아이들의 시행착오를 인정하는 것처럼, 우리 자신에게도 관대해질 필요가 있다. 살면서 새로운 뭔가를 배울 때마다 허둥댈 수밖에 없는 것은 당연하다.

모험하고 성장할 때 주변 사람들의 저항을 받을 각오를 해야 한다. 그들이 저항하는 것은 당연하다. 배우자가 그러지 않는다면 부모나 아이들, 친구들이 그럴 것이다. 우리가 일어나 배를 흔들면 누군가 앉아 있으라고 말할 것이 당연한 것처럼. 그럴 때 당황하거나 화내지 말아야 한다. 그들은 나름대로 우리를 위해 충고해주는 것이라고 생각한다. 중요한 것은 그들이 왜 그러는 것인지를 아는 것이다. 이 사실을 자각하면 오락가락하는 마음을 다스리고 주변 사람들의 저항에 적절하게 대처할 수 있을 것이다.

마케팅 책에서 주변의 부정적 피드백을 중지시키는 윈윈 전략을 배울 수 있다. 그런 책들을 읽으라고 강력하게 권하고 싶다. 주변 사람의 기분이 상하지 않게 대응하는 몇 가지 예를 들어보겠다.

"너 혼자서는 그 일을 해낼 수 없을 거야."

루즈루즈Lose-Lose 방식

"상관 마세요. 내가 하고 싶은 대로 할 거예요!"

윈윈Win-Win 방식

"관심 가져주셔서 고마워요. 하지만 난 자신 있어요. 무슨 일이 있어도 해낼 거예요. 그러니까 저를 믿어주세요. 그러면 제게 큰 도움이 될 거예요." (자신감을 표현한다. 설령 확신하지 못하더라도 할 수 있는 것처럼 행동한다. 어머니에게 바라는 것을 이야기한다.)

"당신을 좀 봐. 그 일을 시작한 후로 너무 이기적이 됐어. 정말 그러고 싶은 거야?"

루즈루즈 방식

"내가 이기적이라고? 그동안 누가 당신을 뒷바라지했지? 이제 당신이 할 차례야!

윈윈 방식

"당신이 왜 나를 이기적이라고 생각하는지 알아. 내가 전처럼 도움이 되지 못하고 있는 게 사실이니까. 나도 변화가 쉽지는 않지만 내가 성장하기 위해서는 어쩔 수 없어. 중도에 포기하면 나중에 무척 후회할 거고, 당신을 원망하게 될 거야. 당신이 도와주면 정말 좋겠어. 당신이 소외감을 느끼는 것도 알아. 그렇게 느끼는 게 당연하다고 생각해. 하지만 내가 당신을 얼마나 사랑하는지 알아주면 좋겠어. 어떻게 하면 우리 함께 이 상황을 잘 헤쳐나갈 수 있을까?"

"엄마, 왜 이제 집에서 우릴 돌봐주지 않는 거죠?"

루즈루즈 방식

"너희는 도대체 감사할 줄을 모르는구나. 난 너희가 태어난 후로 노예처럼 살았어. 이제 나 자신을 위해 뭔가를 하려고 하니까 불평을 하는구나!"

윈윈 방식

"내가 하루 종일 집에 있지 않으니까 너희가 전과 다르게 느끼는구나. 하지만 너희는 내가 집에 없는 동안에도 잘할 수 있을 거라고 믿어. 너희가 엄마를 이해해주길 바라. 그래야 엄마도 밖에 나가서 마음 편히 일할 수 있지 않겠어?"

사람들이 응원해 주지 않을 때 공격적이 되는 이유 중 하나는 인정받고 싶은 욕구 때문이다. 하지만 비판을 듣고 화를 내는 것은 유치한 행동이다. 죄책감을 느끼는 것도 마찬가지다. 죄책감, 적대감은 종종 주변 사람과의 건강하지 못한 관계를 끊을 수 없을 때 느끼는 분노가 위장된 것이다. 대화의 궁극적인 목적은 원윈임을 잊지 말고, 균형을 잡고 조화를 이뤄야 한다. 명상이나 자기암시를 하면 마음의 평화를 찾을 수 있다.

강해져야 존중 받는다

우리가 성장하기 위해 어떻게 해야 할지 생각이 분명해지면 주변 사람들에게 원하는 것을 솔직하게 이야기할 수 있다. 그들이 비난하는 말에 상처 받지도 않을 것이다. 비난의 말을 들으면 그들을 꼭 안으면서 말해주자. "당신을 사랑하지만 나도 내 인생을 살아야 해요." 하소연이나 불평을 할 필요가 없다. 그들이 우리를 힘들게 한다고 화낼 필요도 없다.

사람들의 비판에 초연해지면 그들을 더욱 사랑할 수 있다. 주변 사람들이 우리를 힘들게 할 때 그들을 제압하려고 하지 말자. 우리의 어떤 부분이 아직 부족한지 반성하는 계기로 삼는다. 우리가 그들에게 반응하는 방식을 보면 우리에게 무엇이 부족한지 알 수 있다. 그들을 통해 부적절한 태도를 버리고 책임감 있게 행동하는 법을 배울 수 있다. 만약 주변 사람들의 반응이 너무 견디기 힘들다고 느껴질 때는 어느 정도 거리를 두는 것이 좋다.

내 수강생 중 한 명인 주디의 아버지는 그녀에게 입버릇처럼 '멍청하다'는 말을 하곤 했다. 참다못한 그녀가 어느 날 아버지에게 말했다. "저는 아버지를 무척 사랑해요. 하지만 아버지가 저를 존중해주실 때까지 만나지 않겠어요. 저는 지금 용기와 사랑을 주는 사람이 필요해요. 지금은 아버지에게서 그런 것을 기대할 수 없어요."

그녀는 명절에도 안부 전화만 하고 아버지의 혹평을 감당할 수 있을 만큼 강해졌다고 느낄 때까지 찾아가지 않았다. 주디가 마침내 아버지와 다시 만났을 때 그는 더 이상 그녀를 나무라지 않았다. 아마 주디는 그동안 무기력하게 살면서 아버지를 실망시켰을 것이다. 하지만 그녀가 변화하자 아버지의 반응도 달라졌다. 존중을 받으려면 강해져야 한다.

무엇보다 스스로 자기자신의 가장 좋은 친구가 되는 것이 중요하다. 자기비하를 해서는 안 된다. 마음이 무엇을 원하는지 천천히 알아 가면 된다. 당신을 성장하게 해줄 길을 따라가 보자. 주변 사람들이 결국 당신을 이해하고 존중해줄 것이다. 아니면 건강하지 못한 관계를 끝내고 새로운 사람과 건강한 관계를 만들 수 있을 것이다.

Lesson 06.

스스로 내 삶을 책임지며 산다는 것

피해의식 버리기

우리가 아무리 열심히 산다고 해도

가끔은 생각지도 못한 일을 겪게 된다.

다른 사람들 때문에 내 인생에도 문제가 생겼다.

누구나 재능은 있다.
드문 것은 그 재능이 이끄는 암흑 속으로 따라 들어갈 용기다.
_ 에리카 종

우리는 자신의 삶을 스스로 책임지고 있을까. 자기 삶을 스스로 책임진다고 생각하는 사람들도 알고 보면 그렇지 못한 경우가 많다. 흔히 사람들은 직장에서 일하며, 돈을 벌어 자립했고, 다른 사람에게 생계를 의지하지 않기 때문에 자신이 독립적이라고 믿는다. 일부 맞는 말이지만 그것은 문제의 핵심이 아니다. 의존적인 사람들도 스스로 삶에 책임을 져야 한다는 것쯤은 알고 있다. 스스로 삶을 책임져야 한다는 이야기는 새삼스럽지 않다. 우리는 오랫동안 이 말을 귀가 따갑게 들어왔지만, 대부분은 스스로 삶을 책임진다는 말의 의미를 확실하게 이해하지 못하고 있다. 핵심은 훨씬 더 중요하지만 눈에 잘 보이지 않는다. 몇 가지 예를 들어보겠다.

피해의식에
사로잡힌 사람들

에드워드는 영향력 있는 기업의 고위 간부이지만 항상 불안해하면서 살고 있다. 내가 전문가의 상담을 받아보라고 권하자 자신에게는 문제가 없으며 주변 사람들이 변하면 모든 것이 잘될 거라고 대답했다. 아내가 더 다정하게 대해준다면, 사장이 항상 그에게 의지하지 않는다면, 아들이 속을 썩이지 않는다면, 자신은 걱정이 없을 것이라며 말이다. 모든 것이 그들 탓이라는 것이었다. 에드워드는 스스로 삶을 책임지고 있는 것일까? 절대로 아니다!

제인은 남부럽지 않은 삶을 살고 있다. 훌륭한 직업을 갖고 있고, 근사한 집에 살면서 많은 친구에 둘러싸여 있으며, 연인도 있다. 하지만 그녀는 전남편이 속을 썩이고, 거짓말하며, 아이들 양육비도 주지 않는다고 불평한다. 아들은 반항적인데다 그녀를 이기적이라고 비난한다며 푸념한다. 제인은 스스로 삶을 책임지고 있을까? 절대로 아니다!

많은 독신자와 이혼자들은 끊임없이 전남편이나 전부인, 상사, 외로움, 경제 문제 때문에 불만을 터뜨린다. 또한 많은 기혼자가 자녀, 돈, 배우자 때문에 고민한다. 그들은 스스로 삶을 책임지고 있는 것일까? 물론 절대로 아니다! 그들은 모두 피해의식에 사로잡혀 있다. 누군가, 또는 무언가에 힘을 소모하고 있다.

만약 지금 다니는 직장이 마음에 들지 않는다면, 결혼하기를 원한다면, 어떤 관계를 청산하고 싶다면, 자식이 속을 썩인다면, 아무것도 마음대로 되지 않는 것 같다면, 피해의식에 사로잡혀 희생자 역할을 하고 있는 것이다. 희생자는 힘이 없기 때문에 두려움을 느끼는 것이 당연하다.

모든 일은 우리가 하기 나름이다. 구질구질한 직장에 다니는 것, 독신생활을 지겨워하는 것, 파괴적인 관계를 유지하고 있는 것, 아이 때문에 속을 썩는 것, 인생을 즐기지 못하는 것은 우리 스스로가 어떤 이유에서건 의식적이거나 무의식적으로 그러한 삶을 선택했기 때문이다. 삶의 기쁨을 빼앗는 것이 우리 자신이라는 사실을 쉽게 인정하기는 어렵다. 우리 자신이 우리의 가장 큰 적이라는 것을 알면 무척 혼란스러울 것이다. 그러나 이러한 깨달음은 축복이 될 수도 있다. 우리가 우리 자신을 불행하게 만들 수 있다면, 행복하게도 만들 수 있기 때문이다.

나를 행복하게 해줄 사람은 나 자신뿐

스스로 삶을 책임진다는 말의 의미를 분명히 이해하기 어렵다면, 보다 적극적인 삶을 살기 위해 필요한 조건을 생각해보자. 나는 우리가 삶의 모든 부분에 책임져야 한다고 말하는 것이 아니다. (어떤 사람들은 그렇게 주장하기도 한다.) 그보다는 삶에서 일어나는 모든 일은 자신의 반응에 따라 달라질 수 있기 때문에 그에 대한 책임을 져야 한다는 표현이 정확하다.

인생을 스스로 책임지지 못하는 사람은 두려움을 극복하는 능력이 부족하기 때문에 스스로를 괴로움 속으로 밀어 넣는다. 이 사실을 명심하자. 이제부터 자기 스스로 삶을 책임지려면 무엇이 필요한지 하나씩 살펴보자.

1. 외부 환경 탓하지 않기

"모든 걸 책임지라고? 하지만 이건 정말 내 탓이 아닌데." 라고 말할지도 모른다. (잘못은 그 사람, 사장, 아들, 경제, 어머니, 아버지, 친구에게 있다!) 우리 머릿속에서 일어나는 일은 그 누구도 아닌 우리 자신에게 달려 있다. 이것을 완전히 이해할 때까지는 스스로 삶을 책임질 수 없다. 다음은 내가 강의를 하면서 들은 몇 가지 사례다. 괴로움에서 힘을 향해 움직이려면 어떤 질문이 필요할지 생각해보자.

"지난 25년 동안의 불행한 결혼생활은, 분명 남편 잘못이에요."

▶ 그렇다면 왜 당신은 결혼생활을 유지해온 것이죠? 남편이 잘못한 것만 찾지 말고 잘한 일들을 인정할 수는 없나요? 당신의 태도가 너무 적대적이라서 남편이 대화를 시도하지 못하는 것은 아닐까요?

"아들이 속만 썩여서 머리가 하얗게 셌다고요."

▶ 아들이 자기 길을 알아서 찾을 거라고 믿을 수는 없나요? 왜 항상 부모는 자식을 건사해야 한다고 생각할까요? 아들에게 지나친 기대를 하는 것은 아닌가요? 그를 있는 그대로 인정해줄 수는 없나요?

"고용시장이 불안해서 이 구질구질한 직장을 그만둘 수가 없어요."

▶ 고용 상황이 그렇게 안 좋다면 다른 사람들은 어떻게 취

직할까요? 지금 다니는 직장에서 만족할 만한 것을 찾아 봤나요? 왜 새로운 직장을 구하려는 시도조차 하지 않는 것이죠? 지금 다니는 직장에서 계속 불평만 하는 것이 아니라 당신이 원하는 것을 요구할 수는 없나요? 최선을 다 했나요?

"아이들 때문에 일을 계속할 수가 없어요."

▸ 아이들을 훌륭하게 키우면서 계속 일하는 사람들을 본 적 없나요? 만약 당신이 일하겠다면 남편이 육아에 도움을 줄 수 있지 않을까요? 당신이 원하는 일자리를 얻기까지 어떤 노력을 했나요?

만약 위의 사례들을 읽으면서 남 일처럼 느껴지지 않는 부분이 있다면 그 부분에서 분발할 필요가 있다. 어떤 상황에 대해 외부 요인을 탓하게 되면 우리 안의 힘이 빠져나가고, 괴로움과 무력감, 좌절을 불러온다는 것을 명심하자.

2. 자기자신을 탓하지 않기

다른 사람을 탓해서는 안 된다고 해놓고 바로 말을 바꾸는 것처럼 들리는가? 그렇지 않다. 자신을 탓하며 괴로워하는 것은 삶을 책임지는 게 아니라 자신을 희생자로 만드는 것이다. 어떤 사람들은 다른 사람을 탓하느니 차라리 자신을 탓하는 게 낫다고 말하기도 한다. 스스로 불행을 자초했다고 생각하며 자책하고 자신을 폄하한다. "내가 또 내 인생을 엉망으로 만들고 있어. 난 구제불능이야. 언제 정신을 차릴까?"

우리는 항상 주어진 상황에서, 주어진 시간에, 최선을 다했다. 또 지금 새로운 사고방식을 배우고 있으므로 이제부터 관점을 바꾸고 행동을 바꿀 수 있다. 과거나 현재 또는 미래의 행동에 대해서는 걱정할 필요가 없다. 모든 것이 괴로움에서 힘으로 가는 과정일 뿐이다.

배움의 과정에는 시간이 걸린다. 자신에게 관대해지자. 자책하지 말자. 그 무엇도 우리의 잘못이 아니다. 물론 우리 스스로 불행을 자초했을 수 있지만, 그렇다고 자책할 이유는 없다. 단지 우리는 행복한 삶을 향해 가고 있을 뿐이며, 그러려면 시행착오의 과정이 필요하다.

3. 문제의 본질을 파악하고 변화를 시도하기

과거 나는 친구들을 만나 남자 문제를 하소연하곤 했다. 남자와의 관계에서 희생자 역할을 맡곤 했다. 그런 사실을 깨닫기까지 오랜 세월이 걸렸다. 나를 괴롭게 한 남자들은 실제로 힘든 면들을 지녔다. 한 사람은 늘 약속 시간에 늦었고, 한 사람은 짠돌이였으며, 한 사람은 백수였다. 한 사람은 골프에 미쳤고, 한 사람은 이혼해주지 않았다. 나는 몇 시간씩 전화를 붙들고 친구들에게 그들을 원망하는 소리를 했다.

친구들은 하소연을 들어주었고, 나도 그들의 하소연을 들어주었다. 우린 한탄과 푸념으로 뭉친 집단이었다. 지치지도 않고 누군가를 원망했다. 우리가 항상 옳다고 생각했기 때문에, 행복해지기 위해 노력할 필요가 없었다. 우리가 행복하지 않은 이유는 남자들 때문이었다. 그러는 동안에도 우리는 스스로 삶을 책임지고 있다고 생각했다. 앞서 이야기한 제인처럼 돈도 꽤 벌었고, 독립해서 큰 집에 살고 있었기 때문이다. 하지만 스스로 삶을 책임지는 모습은 아니었다. 여전히 남자들이 행복하게 해주기만 바라고 있었다.

그러다가 마침내 나를 행복하게 해줄 사람은 나 자신밖에 없다는 것을 깨달았다. 깨달음을 얻은 후에야 성숙한 관계를 맺을 수 있었다. 이제 나는 남편에게 화날 때마다 스스로에게 묻는다. '내가 할 수 있는 일인데 남편 탓을 하는 것은 아닐까?' 그럼 답은 금방 나왔다. 내가 게으름을 피우고 있거나 해야 할 무언가를 그가 대신해주기를 기대하며 그를 탓하고 있던 것이다. 이렇게 문제가 무엇인지를 인식하고 나면 남편에 대한 분노도 사라진다.

한번은 딸 레슬리에게 엄마는 정말 결혼을 잘한 것 같다는 말을 들었다. 나는 대답했다. "사실은 말이지. 아빠한테 문제 해결을 기대하지 않으니까 완벽한 남편이 되더구나." 이 말은 서로의 성장을 돕거나, 위안이 되거나, 상대를 보살펴주는 역할을 기대하지 말라는 것이 아니다. 스스로 삶을 책임지지 못하면 배우자가 아무리 사랑을 주어도 밑 빠진 독에 물 붓기처럼 허무해진다는 말이다.

만약 배우자가 정말로 필요한 관심과 애정을 주지 않는다면 그를 떠나는 편이 현명할 수도 있다. 하지만 우선 자신에게 물어야 한다. 그 사람이 정말 고약한 것인지, 아니면 단지 스스로의 삶을 책임지지 못하는 것인지. 그 과정에서 배우자와 함께하지 않는 방향으로 결정하고 다른 배우자를 찾는 것도 자신의 인생을 책임지는 선택이다. 과거에는 그 사람과 함께하기로 선택했고, 이제는 그 사람을 떠나기로 선택하는 것뿐이다. 그의 잘못은 없다. 그 사람 역시 주어진 상황에서 나름대로 최선을 다했을 것이다. 이처럼 스스로의 삶을 책임진다면 상대방에게 화가 나지 않는다.

관계 외에도 우리가 힘을 소모하는 부분들이 많이 있을 것이다. 생활 전반에서 우리 스스로 책임지고 있지 않은 부분이 있는지 생각해본다.

4. 머릿속에서 떠드는 악마 다스리기

우리 머릿속에는 우리를 미치게 만드는 작은 악마가 살고 있다. 머릿속 작은 악마는 우리를 두려움에 꼼짝 못 하게 한다. 좌절하게 하고, 결핍을 느끼게 하고, 패배할지도 모른다고 경고한다. 우리는 그 존재에 너무 익숙해져 끊임없이 부정적인 말을 하는 것을 눈치채지 못한다. 나도 처음으로 그 존재를 알았을 때 충격을 받았다. 우리가 방심하고 있으면 머릿속의 악마가 날뛴다.

'사장은 진짜 한심해. 내가 얼마나 열심히 일하는데. 아부하는 직원이나 좋게 보고. 열심히 일해 봤자 돌아오는 건 없네. 머리를 잘 굴리는 게 중요해. 성실히 일한다고 누가 알아줘? 다른 직장을 알아보자. 하지만 요즘 취업난도 심각하다던데 쉽게 일자리를 구할 수 있을까? 박사학위까지 마쳤다면 더 좋은 기회가 생겼을 텐데. 에이, 꼼짝도 못 하잖아. 아, 짜증나.'

'전화해볼까. 아니야. 전화하면 아마 내가 너무 뻔뻔하다고 생각할 거야. 그렇다고 전화를 안 하자니 내가 무관심하다고 생각하면 어쩌지. 그냥 전화해볼까. 아니야. 전화하면 집착한다고 뒷걸음질 칠지도 몰라. 왜 전화를 안 하는 걸까? 오늘 점심때 너무 차갑게 대했나? 좀 다정하게 대할 걸. 아니다. 요즘 내 상태가 별로야. 예쁜 옷 입을 걸. 너무 뚱뚱해 보였을지도 몰라. 화장도 엉망이었어. 화나 보였는데 혹시 어제 내가 다니엘이랑 데이트했다는 소문 들은 거 아냐? 휴…… 내가 매일 자기 전화만 기다리는 줄도 모르고. 이번 주에 만나면 왜 전화 안 했냐고 물어봐야겠어. 근데 이번 주 영화 보러 가기로 한 건 기억하고 있을까. 나한테 너무 무심한 거 아냐. 만나면 따져야겠어.'

많은 사람이 머릿속 악마와 대화를 한다. 누구나 살다 보면 머릿속에서 떠드는 이런 목소리에 사로잡혀 완전히 기분을 망쳐버릴 때가 있다. 다행히 이런 부정적인 생각을 제거할 수 있는 아주 효과적인 방법이 있다. 우리를 피해의식에 사로잡히게 하는 그 목소리를 다정한 친구의 목소리로 바꾸는 것이다. 그렇게 부정적인 생각들을 제거하면 혼자 있는 시간도 즐거울 수 있다.

5. 두려움의 실체 파악하기

어째서 원하지 않는 상황에서 벗어나지 못하는지를 알면 훨씬 현명하게 행동할 수 있다. 몇 가지 예를 보자.

진은 직장이 마음에 들지 않아 하루빨리 그만두고 싶다. 그녀는 자신을 희생자라고 생각했다. 불쌍한 진! 머릿속 악마가 끊임없이 '만약 그랬다면'이라는 말로 그녀를 괴롭혔다. 만약 취업 시장이 지금보다 괜찮았다면 다른 직장을 구할 수 있을 텐데. 만약 지금보다 능력을 갖췄다면 더 많은 기회를 잡았을 텐데…….

진은 희생자 역할을 맡는 것이 편했을 것이다. 그대로 눌러앉으면 새 직장을 찾아다니면서 퇴짜 맞을 염려가 없을 테니까. 지금 일이 맘에 들진 않지만 어려운 일도 아니었기에 자신의 능력에 대해 고민할 필요가 없었다. 근무 시간을 채우기만 하면 되는 비교적 안정적인 직장이었다. 그런데 그녀는 적어도 세 가지 선택을 할 수 있다. 첫 번째는 지금 직장에 남아 계속 불평하는 것, 두 번째는 지금 하는 일을 즐거운 마음으로 하는 것, 세 번째는 원하는 다른 직장을 구하는 것이다.

진이 자신의 무사안일주의를 자각하면, 새로운 직장을 찾을 수 있다. 피해의식에 사로잡혀 있을 때는 아무것도 할 수 없다.

케빈은 5년 전에 아내와 별거했다. 재혼하고 싶은 사람을 만났지만 아내와 아이들에게 이혼하겠다고 말할 수 없었다. 새로 만난 여성은 이혼하지 않으면 떠나겠다고 했다. 그의 머릿속 작은 악마는 말했다. '만약 이혼 얘기를 꺼내면 아내가 자살할지도 몰라. 아이들이 다신 나와 말도 섞지 않을 거야.' 그는 죄책감에 빠져서 꼼짝 못 하고 있었다.

결국 전문가 상담을 받았고, 모든 것이 두려움 때문이라는 것을 알게 되었다. 그는 더 이상 아내를 사랑하지 않았지만 그녀에게 돌아가야 한다는 의무감을 느꼈다. 인연을 완전히 끊기 두려웠다. 케빈은 자신이 왜 이혼을 못 하고 있는지 이유를 알게 되자 죄책감이 사라졌다. 비합리적인 두려움이 자신을 붙잡고 있다는 것을 알고 이혼 수속을 밟기 시작했다. 그의 아내는 자살하지 않았고, 그는 아이들에게 버림받지도 않았다. 오히려 왜 그렇게 오랫동안 결단을 내리지 못하고 살았는지 의아할 정도였다.

내 수업에는 티냐라는 학생이 있었다. 타냐는 몸이 약해서 하고 싶은 일들을 할 수 없었다. 그녀는 스스로를 약한 몸을 타고난 불쌍한 존재로 인식했다. 나는 수강생들에게 현실에 안주하고 그대로 머물러 있을 때 어떤 보상을 받을 수 있는지를 적어보라고 했다. 다른 수강생들은 그녀가 몸이 약하다는 핑계로 사람들의 관심을 얻어왔고 바깥세상에 나가지 않아도 된 것이라고 지적했다. 티나가 건강을 위해 노력하지 않는 것은 병약함에서 위안을 받고 있기 때문이었으나, 본인만 그 사실을 몰랐다. 어린 시절 그녀가 관심 받을 수 있었던 이유는 몸이 아파서였다. 그래서 그녀의 무의식은 몸이 아프도록 내버려 둔 것이다.

처음에 티나는 그들의 말을 부정했다. 하지만 어쩌면 스스로 자신의 건강을 해치고 있었는지도 모른다는 사실을 깨닫고, 마침내 선택해야 했다. 평생 골골대면서 사람들의 관심을 구걸할 것인지, 아니면 적극적으로 관계를 만들고 인생의 목표를 추구할 것인지. 평생 방관자로 살 것인지, 아니면 적극적으로 참여할 것인지. 둘 중 티나는 후자를 선택했고, 그것은 그녀 인생의 중요한 전환점이 되었다.

위 사례들을 보면 사람들이 꼼짝 못 하는 이유가 그들 자신에게 있다는 걸 알 수 있다. 일단 어떤 동기가 숨어 있는지를 알면 그것의 정체를 파악하는 것은 어렵지 않다. 당신도 연필과 종이를 들고 앉아 하나씩 써보자. 스스로는 잘 모르지만 다른 사람 눈에는 잘 보이는 것들도 있다. 친구들이 우리에 대해 더 많이 알고 있을지도 모른다. 리스트를 작성하고 나서 친구들에게 피드백을 받아 보는 것도 좋다.

6. 원하는 것을 찾고 행동으로 옮기기

많은 사람이 스스로 자신의 삶을 디자인하지 않는다. 되는 대로 수동적으로 살면서 불평할 뿐이다. 완벽한 배우자, 완벽한 직장, 완벽한 친구가 나타나 주기를 기다리며 인생을 허비한다. 누가 무언가를 주기만을 기다리지 말자. 우리에게 원하는 것을 스스로 창조할 힘이 있다는 것을 믿어야 한다. 분명한 목표, 성실함, 행동이 더해진다면 목표 달성은 단지 시간 문제일 뿐이다.

다른 삶을 살기를 원한다면 목표를 정해서 전진해야 한다. 어떤 삶을 살고 싶은지 생각해보고, 그 삶을 스스로 창조해야 한다. 우리가 원하는 삶을 위해 꼭 많은 돈이 필요한 것은 아니다. 주변을 돌아보자. 어떤 사람들과 함께하고 싶은지 생각해보고 만날 약속을 하자. 사람들이 전화해주기만 기다리며 앉아 있지 말자. 건강해지고 싶다면 몸을 점검하자. 건강하게 살기 위해 어떻게 해야 할지 생각하고 그것을 실천에 옮기자.

7. 매 순간 선택할 수 있었다는 사실 기억하기

한 수강생은 이런 말을 했다. "하루를 어떻게 시작할지는 모두 저에게 달려 있죠. 알람이 울릴 때, 커튼을 젖히고 햇살이 들어오게 할 수도 있고 어둠 속에서 뒹굴 수도 있어요. 침대에 누워서 일하러 가기 싫다고 생각하며 괴로워할 수도 있죠. 아니면 긍정적인 독백으로 하루를 기대할 수도 있어요. 이런저런 걱정에 귀 기울이는 대신 음악을 틀고 춤을 추며 집 안을 돌아다닐 수도 있고요. 몸매가 엉망이라고 걱정할 수도 있고 멋진 몸매를 만들기 위해 운동을 할 수도 있어요. 모든 게 제가 하기 나름이죠!"

매 순간 우리가 스스로 선택하고 있다는 사실을 깨닫는 것이 중요하다. 어려운 상황이 닥치면 마음을 가다듬고 생각해 본다. '자, 선택하자. 나 자신을 불행하게 만들지 행복하게 만들지. 화내고 기분 상할지 함께 문제를 상의할지.' 선택은 각자의 몫이지만 당신을 성장하게 하고 행복하게 하는 선택을 하길 바란다. 우리가 어떤 선택을 할 수 있는지 다음 예들을 보자.

"친구가 함께 계획했던 여행을 가지 않겠다고 한다."

▸ 당신은 화를 낼 수도 있다. 그러나 그에게 무슨 사정이 있을 거라고 이해하고 다른 사람을 찾아 함께 여행을 갈 수도 있다. 아니면 혼자 즐거운 시간을 보낼 수도 있다.

"당신의 남편은 알코올중독자다."

▸ 당신은 평생 그를 변화시키려고 헛수고하면서 스스로를 지치게 만들 수도 있다. 알코올중독자 가족 모임에 참여해 당신 자신을 바꾸는 법을 배울 수도 있다.

"독감에 걸려서 중요한 회의에 가지 못했다."

▸ 당신은 그 때문에 이제 출세하기는 글렀다고 좌절할 수도 있다. 그러나 성공을 위해서는 다른 여러 방법이 있다고 생각할 수도 있다.

"화창한 날씨를 기대하며 떠났는데 비가 줄기차게 내린다."

▸ 당신은 여행을 망쳤다고 툴툴댈 수도 있다. 그러나 어떤 식으로든 즐거운 휴가를 보낼 다른 방법을 찾아볼 수도 있다.

이제 모든 게 우리의 선택에 달렸다는 것을 알게 됐을 것이다. 계속 연습하면 보다 현명한 선택을 할 수 있다. 사실 갑자기 여행 계획을 취소하는 것은 부적절한 행동이다. 내 말이 다른 사람들의 부적절한 행동을 못 본 척하라는 뜻은 아니다. 단지 당신이 더 행복해질 수 있는 선택을 하라는 뜻이다. 스스로 삶을 책임지려면 오랜 훈련이 필요하다. 나는 지금도 매일 연습하고 있다. 중요한 것은 당장 시작하는 것이다.

다음 방법들을 활용하면 두려움과 마주했을 때 훨씬 수월하게 대처할 수 있다. 부정적 감정을 피하는 세 가지 방법에 대하여 알아보자.

1. 나를 불행한 상황에서 못 빠져나오게 하는 숨은 동기를 모두 찾아본다.

우리는 끌려다니는 대신 이끌고 나아갈 수 있다. 자신에게 질문해본다. 무엇을 회피하고 있지? 해야 하는데 하지 않고 있는 일은 뭐지? 그 상황을 유지해서 어떤 위안을 얻고 있지? 나는 어떤 이미지를 지키고 싶어 하지? 최대한 솔직하게 답해야 한다. 우리가 어떻게 하고 있는지 자각하기 시작하면 자연스럽게 지금까지 해왔던 구태의연한 습관들을 버릴 수 있을 것이다.

2. 항상 선택할 수 있다는 사실을 의식한다.

힘든 상황에 부딪혔을 때 어떤 식으로 행동하고 느낄 수 있을지 모두 적어본다. 만약 화가 난다면 다른 선택을 할 수 있다는 것을 기억한다. 친구가 약속 시간에 늦었다면 버럭 화부터 낼 수도 있지만, 그 상황에서 스스로에게 질문해볼 수도 있다. '친구가 늦으면 정말 화가 나. 왜 그렇게 화가 나는 거지?' 아마 친구가 내 시간을 존중하지 않는 것 같기 때문일 수도 있고, 당신이 상대의 약점을 잡고 우월감을 느끼는 것일 수도 있다.

부정적인 감정을 버리기 위해 어떤 선택을 할 수 있는지 적어본다. 더 이상 그 친구를 만나지 않을 수도 있고, 친구가 늦을 것을 예상하고 늦게 나갈 수도 있다. 읽을거리를 가져갈 수도 있고, 느긋하게 생각할 수도 있다. 만약 반드시 제시간에 만나야 한다면 약속한 시간에 안 오면 기다리지 않겠다고 하고 그렇게 할 수도 있다. 화를 낼 필요가 없다. 중요한 것은 화나는 순간에 상대방을 탓하지 않는 것이다. 상대방을 용서하라는 것이 아니라 단지 화를 내지 말라는 것이다. 어떤 상황에서든 다른 관점을 적어도 30개는 찾을 수 있다. 게임처럼 친구와 함께 연습해보는 것도 좋다. 함께 성장하는 친구를 갖는 것은 매우 유익한 일이다.

3. 불행하다고 느낀 상황에서 감사할 것들을 찾아본다.

만약 당신이 이혼 후에도 여전히 상처를 받고 있다면 결혼생활 동안 좋았던 일들과 이혼한 후에 새롭게 얻은 것들에 초점을 맞춘다. 이혼하고 독립해서 자유를 얻고, 새로운 친구들을 사귀고, 돈 관리 방법을 새로 알게 되었을 것이다. 이 과정에서 절대 누군가를 비난하거나 무언가에 불평하지 않는다. 이렇게 하지 않으려고 하면 우리가 평소 얼마나 많은 불평불만을 가졌는지 알 수 있다. 다른 사람을 탓하지 않으려 하면 갑자기 할 말이 없어진 것처럼 느낄지도 모른다. 그러나 그것이 자연스러워지면 인생이 훨씬 행복하고 즐거워질 것이다.

Lesson 07.

후회 없는 결정을 하는 방법

나 자신을 믿어보기

인생을 살면서 우리는 수많은 선택을 해야 한다.

후회하는 일도 종종 있다.

과연 우리는 후회 없는 결정을 할 수 있을까?

인간에게는 의식적인 노력으로 자신의 삶을 높일 능력이
분명히 있다는 것보다 더 용기를 주는 사실은 없다.
_ 헨리 데이비드 소로우

우리의 발전을 가로막는 가장 큰 걸림돌은 바로 결정에 대한 두려움이다. 내 강의를 듣던 한 학생은 이렇게 하소연했다. "가끔 전 두 가지를 놓고 뭘 먹을지 고민하다 굶어 죽은 당나귀가 된 기분이에요." 당나귀가 선택을 안 한다면 굶어 죽기로 선택한 것이나 마찬가지다. 우리는 그동안 "조심해. 잘못된 선택을 할지도 몰라."라는 말을 귀에 못이 박히도록 들었다. 잘못된 선택! 이 말만 들어도 가슴이 철렁 내려앉는다. 잘못된 선택이 우리에게서 돈, 친구, 연인, 지위 등을 빼앗아갈까 봐 두려워진다.

어떤 변화를 시도하거나 새로운 도전을 하려 할 때마다, 완벽해지려는 욕구와 결과가 잘못되지 않을까 하는 두려움이 힘을 합쳐 우리 발목을 붙잡는다. 하지만 모두 쓸데없는 걱정에 불과하다. 사실 어떤 선택을 하든 어떤 행동을 취하든 우리가 잃을 것은 없다. 항상 얻는 것이 있을 뿐이다. 이런 식으로 사고방식을 바꾸면 잘못된 선택이나 실수는 있을 수 없다.

어떤 선택을 해도
잃을 것은 없다

대부분 사람은 어떤 선택을 하든 얻는 게 없다는 사고방식을 가지고 있다. '만약 계획한 대로 안 되면 어떡하지? 이 길을 택해도 괜찮을까?' 어떤 결과가 나타날지 두려워 어찌할 바를 모른다. 결정의 문턱에서 이러지도 저러지도 못하고 '만약, 만약, 만약…….' 만약이라는 단어가 꼬리에 꼬리를 물고 이어진다. 머릿속이 혼란스럽다.

힘들게 결정을 내린 뒤에도 실수가 아니었기를 바라며 끝없이 상황을 재평가한다. 자꾸만 뒤돌아보면서 '그러지 않고 그렇게 했더라면' 후회한다. 불안하고 초조해하느라 아까운 힘을 낭비한다. 결과가 바라던 대로 됐더라도 이번에는 언제 또 바뀔지 모를 상황을 걱정한다. 다음엔 또 어떤 결정 때문에 고통스러운 과정을 겪어야 할지 두렵기만 하다. 남 일 같지 않은가? 이런 태도를 취하면 얻는 것은 없다. 대신 어떤 선택을 해도 잃을 게 없다는 태도를 취하면 어떻게 될까.

자, 선택의 갈림길에 서보자. 우리 앞에 두 갈래 길이 있다. 어느 길로 가든 상관없다. 양쪽 모두 가는 길에 '좋은 것들'이 있다. 이렇게 생각하면 잃는 것이 없다. 그런데 무엇이 좋은 것들일까? 새로운 방식으로 인생을 경험하고, 배우고, 성장하고, 자신이 어떤 사람이 되고 싶은지 알고, 살면서 무슨 일을 하고 싶은지 아는 기회를 만나는 것, 이것들이 모두 좋은 것들이다. 어느 길로 가든 기회를 만날 수 있다.

이 말에는 의문이 생길지도 모르겠다. '만약 이렇게 하면 어떻게 될까?' 이런 생각이 다시 고개를 들 것이다. 대답 대신 예를 들어보겠다. 만약 다니던 직장에 계속 다닐지 아니면 스카우트를 받은 직장으로 옮길지 결정해야 한다. 이때 어느 쪽을 선택해도 얻는 것이 많이 않다고 느껴지면 머릿속 밉살스러운 작은 악마가 떠들기 시작할 것이다.

'여기 그대로 눌러앉았다가는 성장의 기회를 놓칠 수 있어. 새 직장에 가면 발전할 기회가 더 많을 거야. 승진도 시켜주고 월급도 더 줄지도 몰라. 하지만 옮겼다가 새로운 일을 감당 못해서 해고당하면 어떡하지? 만약 잘못되면 어떡해? 아,

어떻게 해야 할지 모르겠다! 잘못 선택하면 평생을 망칠 수도 있어!'

하지만 어떤 선택을 해도 잃을 것이 없다는 식으로 관점을 바꾸면 결정에 대한 두려움은 사라진다.

'세상에! 다른 일자리를 제안 받다니 너무 멋지잖아! 만약 제안을 받아들이면 새로운 사람을 만나고, 새로운 것을 배우고, 전혀 다른 업무 환경을 경험하면서 경력을 쌓는 기회를 얻게 될 거야. 만약 무슨 일이 일어나서 잘못된다고 해도 극복할 수 있겠지. 요즘 취업이 어렵다지만 노력하면 또 다른 직장을 찾을 수 있을 거야. 설령 취업이 안 된다고 해도 실직 상태에서 문제를 해결하는 경험을 쌓을 수 있을 거고. 만약 지금 직장에 머무르면 하던 일에 더 능숙해지고 여기서 만난 사람들과의 관계가 깊어지겠지? 다른 곳에서 스카우트 제안을 받았으니 승진을 요구해볼 수 있을지도 몰라. 만약 생각대로 되지 않는다고 해도 다른 기회가 있을 거야. 어떤 길을 선택하든 잃을 건 없어!'

나는 실제로 이런 식으로 생각하는 사람들을 알고 있다. 그들이 삶에 접근하는 방식은 그들 자신의 삶을 풍요롭게 하는 것은 물론, 주변 사람들에게도 긍정적인 영향을 미친다. 그들은 진정으로 잃는 것이 없는 세상에서 살고 있다.

두려움은 자신을 믿지 못한다는 증거

LA에서 심리상담소를 운영하는 알렉스는 원래 아버지를 따라 법률가가 되려고 했다. 그는 대학을 우수한 성적으로 졸업하고 명문 로스쿨에 들어가 열심히 공부했다. 처음 2년 동안 아주 잘 적응했다. 하지만 독립하면서 가치관에 변화가 생겼다. 법률가들이 머리싸움 하는 전쟁터에서 평생을 보내고 싶지 않았다. 다른 방식으로 사람들을 돕고 싶었고, 임상심리학이 자신의 적성에 더 맞겠다고 판단했다. 법률가가 되기로 결정했던 데는 아버지를 기쁘게 해주려는 마음이 크게 작용했다는 것도 깨달았다.

이제 그는 자신을 더 잘 알게 되었다. 로스쿨을 그만두고 심리학 공부를 하기로 결심했다. 그러자 부친은 더 이상 학비를 지원해주지 않겠다고 선언했지만 알렉스는 자신의 판단을 믿고 과감하게 결정을 내렸다. 부친을 포함한 주변 사람들은 그가 2년의 세월을 허비했다고 말했지만 알렉스는 그렇게 생각하지 않았다. 덕분에 법률가가 적성에 맞지 않는다는 것을 알았다고 생각했다. 로스쿨에 있는 동안 좋은 친구들을 만났고 계속 친하게 지내고 있으며, 2년 동안 배운 공부는 후에 개인적으로나 직업적으로 적잖은 도움이 되었다.

좋은 일은 거기서 끝나지 않았다. 부친이 학비를 지원해주지 않아서 2년 동안 일해서 돈을 벌어야 했다. 그가 2년을 허비한 것일까? 절대로 아니다. 그때 건설회사에서 일하며 새로운 생활방식을 경험했고, 당시 동료가 소개해준 여자를 만나서 결혼했다. 그는 장학금을 받고 두 가지 아르바이트를 하면서 박사과정을 마쳤다. 알렉스에게 일어난 일들은 그에게 자립 능력을 길러주었고 소중한 경험이 되었다. 아버지가 학비를 지원해주지 않은 덕분에 그는 홀로 설 능력을 길렀다. 알렉스는 무언가를 절실하게 원하면 길이 열린다는 것을 배웠다. 그 경험을 통해 다른 결정들을 내리는 데에도 자신감과 기대감을 가지고 대처할 수 있게 되었다.

두려움은 우리가 자신을 믿지 못하기 때문에 생기는 것이다. 알렉스는 경제적인 도움을 받지 못했지만, 자신을 믿고 결정한 덕분에 자신감과 자립심을 키울 수 있었다.

내가 수업 시간에 어떤 선택을 하든 잃을 것이 없다는 사고방식에 관해 설명하면 학생들은 처음에는 저항한다. "말도 안 돼요. 그건 비현실적이라고요." 우리는 부정적인 생각이 현실적이고, 긍정적인 생각은 비현실적이라고 배워왔기 때문이다. 하지만 학생들은 부정적인 생각이 긍정적인 생각보다 더 믿을 만하다는 증거를 대지 못한다. 긍정적인 사고는 우리를 괴로움에서 힘으로 움직이게 도와주고, 결국 두려움을 극복하게 한다.

어떤 결정을 내려도 잃을 게 없다는 마음가짐으로 행동하면 마음이 한결 편안하다. 그런데 왜 이런 사고방식을 거부하게 될까? 왜 괴로움, 무기력, 좌절과 힘겨운 씨름을 벌이는 걸까? 우리를 피해의식에 사로잡히게 하는 부정적 사고를 버리고 긍정적으로 생각하는 훈련을 해야 한다. 긍정적인 사고를 받아들이려면 기회라는 단어에 대해 다시 생각해보아야 한다.

직장을 잃는 게 또 다른 기회가 될 수 있다고 생각하기 어려울 수 있다. 기회라고 하면 보통 돈이나 지위 등 눈에 보이는 성공과 연관 지어 생각하기 때문이다. 하지만 나는 다른 방식으로 생각할 것을 제안한다. 우리의 목표는 두려움을 극복해서 인생의 목표를 이루는 것이다. 두려움과 싸워 이길 때마다 우리의 자존감은 크게 향상된다. 무슨 일이 일어나든 살아남을 수 있다는 자신감도 생긴다. 더 이상 모험을 두려워하지 않게 된다.

만약 직장을 옮겼는데 몇 달 만에 해고당했다면 어떨까? 시련을 정면으로 마주하고 내면의 힘을 끌어모아 더 만족스러운 일자리를 찾음으로써 자존감을 높이는 기회로 만들 수 있다. 이직, 실직, 구직을 거치는 동안 새로운 사람들을 만나 활동 반경을 넓힐 수도 있다. 이렇게 생각하면 실직은 또 다른 기회가 될 수 있다.

나는 학생들에게 원치 않던 일을 마주하게 되는 것이 오히려 축복이 될 수 있다고 말하곤 한다. 실직이나 사랑하는 사람의 죽음, 이혼, 파산, 질병과 같은 시련을 겪고 나면 훨씬 더 강한 사람으로 거듭난다. 역경을 딛고 일어난 자신에 대해 자부심을 느낀다. 생활의 안정은 뭔가를 소유하는 데서 오는 게 아니라 스스로 삶을 꾸려가는 능력에서 온다. 이런 사실을 알게 되면 '만약 이렇게 하면 어떻게 될까?' 같은 질문에 무슨 일이든 헤쳐 나갈 수 있다고 대답할 수 있게 된다. 모든 일에 잃을 것이 없다는 마음가짐을 갖고 접근하면 두려움은 사라진다.

모든 결정은 옳다

옳거나 그른 결정이란 있을 수 없다. 이제는 우리가 어떤 선택을 할 수 있는지 분명히 알아야 할 차례다. 그래야만 우리가 바라던 결과를 만드는 결정을 할 가능성이 커지고, 좀 더 자신감이 생길 것이다. 중요한 선택의 기로에 놓였을 때나 선택한 후에, 다음과 같은 단계를 거쳐보자.

1. 어떤 선택을 하든 잃을 것이 없다.

반복해서 되새겨보자. 우리가 어떤 결정을 내리든 결과와 상관없이 우리는 잃을 게 없다. 세상은 기회의 장소이다. 뭔가를 잃어버릴지도 모른다는 생각보다는 얻을 수 있다는 생각에 집중하자.

2. 피드백을 듣는다.

선택을 위해 알아야 할 것들이 많다. 당신의 말에 귀 기울이는 사람과 이야기를 나눠보면 도움이 될 것이다. 조언을 해줄 수 있는 전문가들을 찾아가 보자. 대부분의 사람이 도와주고 싶어 할 것이다. 사람들은 누군가 조언을 청해오면 으쓱한 기분을 느낀다. 다른 곳에서도 피드백을 청해보자. 지인과의 저녁 식사 자리, 미용실, 병원 등에서 사람들과 이야기를 나눠보자. 뜻밖의 장소에서 생각지도 못한 방식으로 도움을 얻을 수 있다. 어쩌면 그들은 개인적인 경험에서 배운 통찰력을 나누어줄지도 모른다. 이때 중요한 것은 적절한 사람들과 이야기를 나누어야 한다는 점이다. 적절한 사람들이란 우리가 배우고 성장하도록 응원해주는 사람들이다. 우리에게 열린 가능성을 무시하는 사람은 부적절한 사람이다. 그런 사람들에게는 정중하게 감사하다고 말하고 다른 사람을 찾아야 한다.

내게 큰 도움을 준 스승님은 이런 말씀을 하셨다. "처음에는 그들을 불쌍히 여기고, 그다음에는 우리 자신을 부끄럽게 여겨라." 우리를 무시하는 사람들을 불쌍하게 여기되, 만약 그런 사람들 때문에 계속 상처 받는다면 그런 자신이 부끄러운 줄 알아야 한다는 뜻이다. 우리를 끌어내리려는 사람들과 계속 대화할 필요가 없다. "멋진 생각이다." "넌 잘할 수 있을 거야."라고 격려해주는 사람들과 이야기를 나눈다.

만약 실패하면 낙오자로 보일까 두려워 계획을 다른 사람들에게 말하지 못할 이유도 없다. 자존심은 접어두고, 도움이 될 만한 정보를 최대한 수집하는 것이 중요하다. 기억하자. 마음먹은 대로 되지 않는다고 실패한 것이 아니다. 시도한 것만으로도 성공한 것이다. 시도했다가 아무 결과도 없다고 핀잔을 듣지 않을지 걱정될 수 있다. 하지만 진지하게 시작한 일이면 잘못했다고 말할 수 없다. 내 경험을 이야기해보겠다.

몇 년 전 나는 자작시를 출판하기로 결심했다. 출판에 대해서는 아무것도 몰랐으므로 어떻게 시작해야 하는지 이런저런 사람들을 만나 조언을 구했다. 출판 강의도 들었다. 출판사에 직접 찾아가기도 했다. 20여 곳의 출판사에 원고를 보냈지만 모두 거절당했다. 하지만 그 후에도 작가의 꿈은 버리지 않았다. 분명 '작가가 아무나 되는 거래? 꿈도 꾸지 마.'라고 속으로 비웃은 사람들도 있었을 것이다.

그러던 어느 날 친한 동료였던 엘렌과 점심을 먹다가 여성들이 직장을 구하는 것에 대한 책을 써보자는 이야기가 나왔다. 우리는 거부와 실패에 대한 두려움 때문에 취업에 도전하지 못하는 유능한 여성들에게 관심이 많았다. 아는 사람들에게 우리의 계획을 이야기하고 일을 진행했다. 이런저런 사유로 일이 지연되면서 과연 책이 나올 수 있을지 의심하는 사람들도 있었다. 하지만 엘렌과 나는 포기하지 않고 계속 진행했고, 우리 계획에 도움을 줄 수 있는 다양한 분야의 사람들을 만났다. 마침내 우리 손에 책이 들어왔다!

결과는 원래 내 생각과 달라졌지만 그 과정에서 출판이라는 매력적인 시장에 뛰어들 준비를 할 수 있었다. 물론 거부당하고 그것을 극복하는 법도 배웠다! 끊임없이 계획을 이야기하는 동안 유익한 정보를 나눌 수 있었을 뿐만 아니라 목표

실현을 위한 계획도 점점 분명해졌다. 계획은 우리 삶에서 원하는 것을 창조하는 강력한 도구다.

3. 우선순위를 정한다.

우선순위를 정하기 위해서는 우리 자신에 대한 탐색이 필요하다. 우리가 진정 무엇을 원하는지, 생각해보는 시간이 필요한 것이다. 우리 대부분은 어린 시절 다른 사람들이 시키는 대로 하도록 훈련받았다. 그 때문에 스스로 무엇을 원하는지 알기 어렵고, 자신에게 진정으로 만족을 주는 것들과 멀어져 있다. 삶의 궁극적인 목표와 일치하는 길이 무엇인지 생각해보자. 만약 지금 가장 중요한 목표가 무엇인지 잘 모르겠다고 해도 걱정할 필요는 없다. 적어도 우리가 누군지 관심을 두기 시작했다는 것만으로도 의미가 있다. 우선순위를 정하기까지 많은 결정과 훨씬 많은 실험이 필요할 수 있다. 탐색 과정에서의 혼란을 인정하고 너그럽게 받아들이자. 혼란을 통해 마침내 목표가 분명해질 것이다.

목표는 끊임없이 변한다는 사실을 기억하고 계속 재평가한다. 오늘 내릴 결정은 5년 후에 내릴 결정과는 다를 수 있다.

4. 직감을 믿는다.

직감은 우리가 어떤 길을 가야 할지 실마리를 제공하기도 한다. 충분히 검토해서 합리적인 결정을 내렸는데도 우리의 직감이 다른 선택을 하라고 말할 수도 있다. 그때는 직감을 믿어보자. 종종 잠재의식은 어떤 선택이 더 나은지 알고 있다는 메시지를 보낸다. 직감에 주의를 기울이면 뜻밖에 훌륭한 조언을 듣게 될 수 있다.

나는 직감을 믿은 덕분에 새로운 일을 찾았다. 심리학 박사 학위를 받고 내 궁극적인 목표는 개업을 하는 것이었다. 정신건강클리닉에서 환자를 치료한 지 몇 달 만에 나는 플로팅 병원The Floating Hospital이라는 훌륭한 의료기관의 이사로부터 함께 일하자고 제안 받았다. 원래 계획에 없던 일이지만 내 직감은 그 기회를 잡으라고 말했다. 내 안에 있는 무언가가 말했다. '가서 그것을 잡아.'

몇 달 후 내가 그 병원의 이사가 되었다. 나는 관리자가 되어 조직을 운영한다는 생각은 정말 꿈에도 해본 적이 없었다. 하지만 내 잠재의식은 내가 그 일을 할 수 있다고 나를 밀어붙였다. '내가 여기서 뭘 하고 있지?' 나는 시도 때도 없이 두려움과 불안을 느꼈지만, 그 일을 배우면서 성장했고, 내가 관리 업무를 좋아하고 소질이 있다는 것을 깨달았다. 플로팅 병원에서 나는 상상도 못 했던 유익한 경험과 마주할 수 있었다. 잠재의식은 내가 할 수 있다는 것을 알고 있었다.

만약 내가 정신건강클리닉에서 상담치료사로 남아 있는 쪽을 선택했다면 어땠을까? 그 선택 또한 새롭고 다른 방식으로 삶을 경험하는 풍요로운 기회를 제공했을 것이다. 적절한 선택이나 잘못된 선택은 없으며, 서로 다른 선택이 있을 뿐이다.

5. 느긋하게 생각한다.

사람들은 선택을 너무 심각하게 생각하는 경향이 있다. 하지만 만약 어떤 선택의 결과로 돈을 잃는다면, 돈을 잃어버린 상황에 대처하는 법을 배울 수 있다. 연인을 잃는다면 또 다른 연인을 찾을 수 있다. 만일 이혼을 선택한다면 홀로서는 법을 배울 수 있다. 혹시 재혼을 한다면 새로운 사람과 사는 법을 배울 수 있다.

만약 A라는 길을 선택한다면 그에 따른 교훈을 배울 것이다. B라는 길을 선택한다면 다른 교훈을 배울 것이다. C라는 길을 택하면 딸기를 먹게 될 것이고, D라는 길을 택하면 블

루베리를 먹게 될 것이다. 만일 딸기도 블루베리도 싫으면 다른 길을 찾을 수 있다. 중요한 것은 모든 상황을 기회로 생각하고, 우리 자신과 주변 세상에 대해 배우는 것이다. 느긋하게 생각하자! 우리는 무슨 일이 일어나더라도 감당할 수 있다!

우리 자신을 평생 배우는 학생으로 생각하자. 태어난 순간부터 죽는 순간까지 우리는 세상과의 관계 속에서 끊임없이 배운다. 모든 경험은 배울 만한 가치가 있는 교훈을 준다.

지금까지 더 나은 선택을 위한 다섯 가지 마인드에 대해 알아 보았다. 선택하는 것만큼 후회하지 않는 태도 역시 중요하다. 이제부터는 후회하지 않기 위해 필요한 세 가지 태도를 살펴보자.

1. 결과에 대한 기대를 버린다.

우리는 어떤 결정을 내리고 나면 결과를 기대한다. 일단 결정한 뒤에는 기대를 버려야 한다. 선택하기 전에 결과를 예측하는 것은 도움이 될 수 있지만, 미래는 우리 마음대로 할 수 없다. 만약 계획한 결과에만 초점을 맞춘다면 과정 자체를 즐기지 못할 것이고, 또 다른 방식으로 성공할 기회를 놓칠지도 모른다. 결과가 기대에 못 미치면 실망할 수도 있고, 어떤 상황에서도 긍정적인 면을 찾을 기회를 놓칠 수도 있다.

모든 상황에서 숨어 있는 의미를 찾자. 어떤 선택의 결과를 보다 나은 길을 찾아가는 과정으로 생각한다면, 또 다른 기회를 잡을 수 있을 것이다. 그리고 뜻밖의 기회에서 원래 계획했던 것보다 더 큰 가치를 얻을 수도 있다.

2. 결정에 대해서 책임진다.

우리는 뭔가 잘못되면 다른 사람을 탓하는 경향이 있다. 나는 주식을 샀다가 주가가 떨어지자 주식을 권한 중개인을 원망한 적이 있다. 그것을 사기로 결정한 것은 나 자신이고, 아무도 억지로 사라고 하지 않았지만, 그 사실을 인정하기까지 많은 용기가 필요했다. 교훈을 얻기까지 계속 후회했다. 하지만 결국 교훈을 얻었다! 주식 중개인에게 전적으로 의존하는 대신 주식시장에 대해 많이 알아야 한다는 것을 배웠다. 내가 경제적으로 불안정하며, 분발해야 한다는 것을 알았다. 주식시장에서 돈을 잃어도 세상은 전처럼 돌아간다는 것을 알았다.

8개월 후 내가 산 주식은 다시 제자리를 찾았다. 그 경험을 통해 나는 주식시장에서 돈을 잃는 것이 그렇게 큰일은 아니며, 주식은 다시 오를 수 있다는 것을 알았다. 그런 식으로 생각하면 잘못된 결정이란 절대로 없다. 어떤 결정에서 기회를 발견할 수 있다면 그 결과에 책임을 지기가 훨씬 쉬워진다. 그리고 우리가 하는 결정에 대해 책임지게 되면 세상에 덜 화가 나고, 무엇보다 우리 자신에게 덜 화가 난다!

3. 때때로 진로를 바꾼다.

한번 결정을 내리면 열과 성을 다해 정진하는 것이 중요하다. 하지만 마음먹은 대로 되지 않으면 결정을 바꿀 줄도 알아야 한다. 많은 사람이 적절한 선택을 위해 너무 많이 투자를 한 나머지, 나중에 선택한 길이 마음에 들지 않아도 죽기 살기로 매달린다. 이것은 미친 짓이다. 맞지 않는다는 것을 알았다면 길을 수정해야 한다.

물론 어떤 사람들은 한 가지를 꾸준히 못 하고 이리저리 옮겨 다니면서 진로를 바꾼다는 변명을 써먹곤 한다. 내 말은 그런 의미가 아니다. 만약 최선을 다해 뭔가를 열심히 했는데, 그것이 우리가 가야 할 길이 아니라는 생각이 든다면 다른 길을 찾을 수 있다는 것이다.

진로를 바꾸겠다고 하면 종종 주변 사람들이 비난한다. "이제서야 직업을 바꾸다니, 대체 무슨 말이야? 넌 치과의사가 되기 위해 5년을 공부했어. 그동안 투자한 돈과 시간이 아깝지도 않니?" 이렇게 말하는 사람들에게 그 모든 것이 절대로 낭비가 아니었다고 차분히 설명하자. "한때는 의사가 천직인 줄 알았지. 그리고 그 경험에서 많은 걸 배웠어. 단지 더 이상 맞지 않다고 느낀 것뿐이야. 이제 진로를 바꿀 때가 됐어."

나는 많은 사람이 더 이상 자신에게 도움이 안 되는 상황에 발목 잡혀 있다는 것을 안다. 이미 너무 많은 것은 투자했기 때문에 그 길을 계속 갈 수밖에 없다고 생각한다. 얼마나 비합리적인가? 더 이상 의미가 없다면 어째서 계속 투자할까? 삶의 질이 달린 문제에!

스튜어트 에머리는 《실현Actualizations》이라는 책에서 인생의 진로를 수정하는 훌륭한 방법을 제시했다. 그는 호놀룰루로 가는 비행기 조종실에서 관성유도장치를 보고 깨달았다. 관성유도장치는 도착 시간 내에 하와이 활주로에 비행기를 착륙시키는 것이었고, 비행기가 진로에서 벗어날 때마다 방향을 바로잡았다. 조종사는 그에게 오차가 90퍼센트까지 난다고 해도 비행기가 결국 제시간에 도착할 거라고 설명했다.

에머리는 우리가 선택한 진로를 그 장치에 비유했다. "우리가 목적지를 향해 출발할 때부터 오차가 생기죠. 그 오차를 수정하면 다시 오차가 생기고, 그 오차를 수정하면 또 오차가 생겨요. 따라서 지그재그로 움직이지만 결국 제자리를 찾아서 가게 되는 것이죠." 에머리의 말처럼 우리 인생에서 중요한 것은 잘못된 선택을 할까 봐 걱정하는 것이 아니라 언제 진로를 수정해야 할지를 아는 것이다. 이를 그림으로 그려보면 다음과 같다.

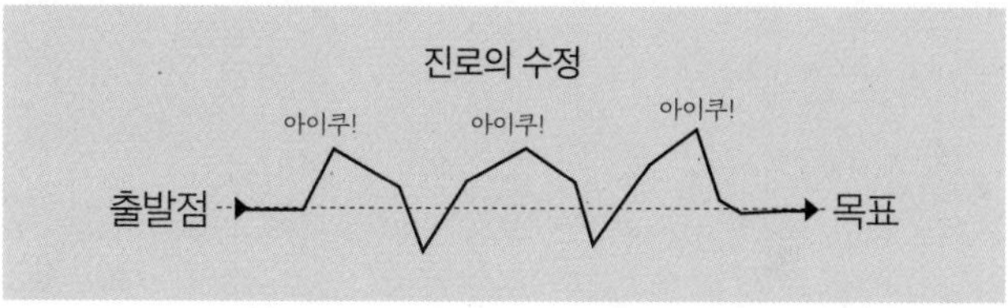

우리 내면에는 언제 진로를 수정해야 할지 알려주는 여러 단서가 있다. 가장 중요한 단서는 혼돈과 불만이다. 혼돈과 불만은 보통 긍정적인 것이 아니라 부정적인 것으로 여겨진다. 하지만 혼돈은 우리가 진로에서 벗어났고 다시 궤도로 돌아가는 길을 찾아야 한다는 것을 알려준다. 만일 이때 방향을 바꾸지 않으면 주변을 빙빙 돌다가 불시착하기 쉽다.

육체적 고통 역시 불편하지만, 한편으로 유익하다. 우리 몸에 이상이 생겼다고 말해주기 때문이다. 오른쪽 옆구리의 통증은 맹장염에 걸렸다는 것을 알려줘 생명을 구할 수 있게 한다. 통증을 느끼지 못하면 죽을 수도 있다. 정신적 고통 역시 마찬가지로 우리 삶에서 뭔가 잘못됐다는 걸 말해준다는 점에서 축복이다. 생각하는 방식, 혹은 세상을 살아가는 방식을 바꿀 필요가 있다고 신호를 보내는 것이다. "이봐, 그렇게 살면 안 돼!"라고.

이미 선택한 진로에만 매달리면 다른 도움을 받을 수 없다. 원하는 목적지까지 도착하지 못할 것도 당연하다. 진로를 수정하라고 말해주는 단서들에 끊임없이 주의를 기울인다면 항상 적절한 지점에, 적어도 근처에 있을 것이다.

실수가 없다면
배움도, 성장도, 없다

이제 우리는 어떤 선택을 해도 잃을 것이 없다고 생각하면 애초에 잘못된 결정이란 없다는 것을 알게 되었다. 실수 역시 배움의 기회이므로 실수라는 것은 있을 수 없다. 한 위대한 발명가는 문제를 해결하기 위해 200번이나 실패하고 나서 마침내 답을 발견했다. "그렇게 실패를 거듭하는 동안 힘들지 않았습니까?"라는 질문에 그가 대답했다. "나는 실패한 적이 없습니다! 효과가 없는 200가지 방법을 발견했을 뿐이죠!"

어떤 실수도 하지 않았다면 오히려 뭔가 잘못되고 있다는 것이다. 어떤 모험도 하지 않으면 '좋은 것들'을 누리지 못한다. 이것이야말로 인생을 낭비하는 것이다.

나 역시 모든 것을 두려워하던 시절이 있었다. 꿈을 이루기 위한 시도가 모두 실패로 끝날까 봐 두려웠다. 그래서 집구석에 틀어박혀 피해의식에 사로잡혀 살았다. 그런 나에게 깨달음을 준 것은 무엇이었을까? 이스턴 항공사의 "세상 속으로"라는 카피였다. 나는 그 카피를 보고 불현듯 내가 지금껏 세상과의 인연을 끊고 살았다는 것을 깨달았다. 깨달음은 나를 다시 세상 속으로 밀어냈다. 실수할까 봐 두려워하던 마음을, 실수하지 않을까 봐 두려워하는 마음으로 바꿔먹었다. 실수하지 않으면 배울 수도, 성장할 수도 없다는 것을 믿었다.

실수가 우리 삶에서 불가피한 것이라는 사실을 떠올리면, 우리가 어쩌다 완벽해져야 한다고 생각하게 됐는지 놀라울 따름이다. 인생에서 시도하는 일마다 성공할 수는 없다. 시도를 많이 할수록 성공 확률은 떨어진다. 하지만 모험을 많이 할수록 삶은 풍요로워진다. 실패하든 성공하든 언제나 승자가 된다! 그리고 언제라도 진로를 수정할 수 있다고 생각하면 자유롭게 모험할 수 있을 것이다.

실수에 대한 두려움은 우리가 모험에 도전하고 새로운 영역을 탐험하지 못하도록 방해한다. 평균 타율 4할을 기록하는 야구선수는 극히 드물다. 열 번을 쳐서 네 번 안타를 치는 것이 무척 어렵다는 것이다. 그것이 이른바 챔피언의 성적이다! 하물며 우리 같은 초보자들은 어떨까!

지금까지 실수에 대한 두려움을 줄이는 방법을 배웠다. 하지만 이를 실천하는 것은 생각처럼 쉽지 않다. 행동이 변하기까지는 오랜 과정을 거쳐야 한다. 일단 시작하자! 그리고 앞으로 나아가자. 새로운 사고방식을 계속해서 강화하자.

최근에 실수한 적이 있는가? 나는 그렇기를 바란다!

Lesson 08.

갑자기 찾아온 상실감 이겨내기

삶을 원하는 것들로 채우기

하루아침에 부모님을 잃거나,

배우자를 잃거나, 뜻하지 않게 퇴직을 당할 수도 있다.

소중한 것을 잃었을 때 어떻게 해야 할까?

인간사에는 안정된 것이 하나도 없음을 기억하라.
그러므로 성공에 들뜨거나 역경에 지나치게 의기소침하지 마라.
_ 소크라테스

"남편과 헤어진 뒤에는 사는 것 같지가 않아요. 그이는 나의 전부였어요!" 루이즈는 결혼 5년 만에 남편과 이혼했다. 남편이 그녀의 전부였다는 말은 사실이었다. 그녀는 그런 식으로 살았다. 남편 외에는 그 무엇도, 어느 누구도 의미가 없었다.

우리는 물론 남편을 잃은 여자가 느낄 허전함과 슬픔을 이해할 수 있다. 반면 그들의 결혼생활이 무너진 원인도 일부 짐작할 수 있다. 의존적인 부부관계는 분노, 질투, 원망, 집착, 잔소리 등 함께 살기 힘들게 하는 여러 부작용을 낳는다. 그런 파괴적인 특성들은 자신의 일부처럼 여기는 것을 잃을 수 있다는 뿌리 깊은 두려움에서 비롯된다.

홍보회사 간부인 밥은 일에 모든 것을 건 사람이다. 그에게는 일 외에 다른 것은 중요하지 않았다. 일에 대한 그의 지나친 욕심은 부작용을 낳았다. 직장에서 그는 까다롭고 공격적인 사람이었으며, 혼자 모든 성과를 독차지하고 함께 일하는 사람들의 공로는 인정하지 않았다. 상사들에게 인정받기 위해 부단히 노력했지만 기회를 얻지 못했으며, 차차 창의성마저 고갈됐다. 그러던 어느 날 구조조정으로 직장을 잃었다. 일이 곧 살아가는 이유였던 그는 극도로 좌절하고 무기력에 빠졌다. 살아도 사는 게 아니었다.

일에만 매달려 살던 사람들은 은퇴할 때가 되면 심리적으로 무너진다. 마치 삶이 끝난 것처럼 느끼는 것이다. 실제로 많은 사람이 은퇴하고 얼마 지나지 않아 세상을 떠난다. 즐겁고 창조적으로 살 수 있는 시간을 즐기지 못하고 떠나다니, 얼마나 안타까운가!

제니는 아이들을 자신의 모든 것이라고 생각하는 주부였다. 다른 사람들이 보기에 그녀는 훌륭한 어머니였고, 그녀 자신도 그렇다고 생각했다. 그녀는 아이들이 학교에서 돌아오면 항상 집에 있다가 모든 시중을 들어주었고, 아이들을 우선으로 생각한다는 데 자부심을 느꼈다. 만약 제니가 스스로에게 솔직했다면 자신이 아이들에게서 존재 이유를 찾고 있다는 것을 알 수 있었을 것이다. 그녀를 잘 아는 사람들은 그녀의 지배욕, 과보호, 자기합리화, 죄책감 같은 부작용에 대해 눈치채고 있었다. 그녀는 아이들에게 한없이 베푸는 사람이었다. 아이들이 성장해 독립했을 때 남편과 함께 살면서도 집이 텅 빈 것 같은 느낌에 괴로워했다.

루이즈, 밥, 제니의 공통점

루이즈, 밥, 제니의 공통점은 극심한 결핍감에 시달린다는 것이다. 그들은 집착 대상을 잃어버리자 결핍감을 드러냈다. 누구나 살다 보면 어느 시기에 결핍감을 경험한다. 그것은 우리가 경험하는 가장 고통스러운 감정일 것이다. 게다가 여기에 우울한 기분까지 겹치면 도저히 헤어 나올 수 없을 것처럼 느껴진다. 어떻게 해야 우리 인생에서 중요한 무언가를 잃어버렸을 때 고통스러운 결핍감에 시달리지 않고 극복할 수 있을까? 상실에 대한 두려움에서 벗어나 편안해질 수 있는 방법은 무엇일까?

강력한 감정이 뒷받침된 습관에서 벗어나기 위해서는 많

은 자각, 인내, 지구력이 필요하다. 힘든 일처럼 들릴 수도 있지만, 여러 단계로 나누어서 여유를 갖고 즐긴다면 수월하게 극복할 수 있을 것이다. 먼저 우리 삶에 균형이 깨졌을 때 느끼는 공허함의 원인을 분명히 이해하면 도움이 될 것이다.

결혼생활을 예로 들어보겠다. 다음 그림을 보면 우리가 오로지 감정적으로 한 부분에 집중할 때 삶이 어떻게 되는지 알 수 있다.

배우자가 전부인 삶

이런 사람은 소중한 사람이 사라지고 난 후의 삶이 다음 그림과 같이 텅 비게 된다.

배우자가 떠난 후의 삶

루이즈가 바로 이런 경우였다. 당연히 공허하다! 그 관계를 즉시 대체하려는 충동을 느끼게 된다. 아무것도 남은 것이 없는 것 같다. 다음 그림은 전혀 다른 인생관을 보여준다.

배우자와 함께하는 삶

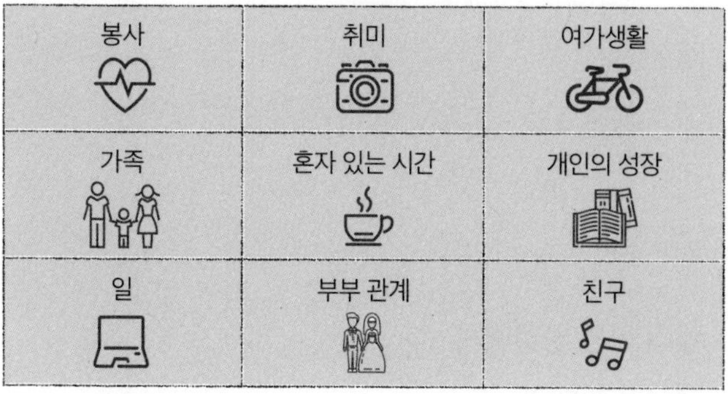

위 그림은 낸시라는 수강생의 삶이다. 낸시의 삶은 격자 모양이다. 가엾은 루이즈, 밥, 제니의 삶이 하나의 텅 빈 사각형인 것과 비교해서 전혀 다르게 보인다. 낸시의 삶은 풍요롭고 조화로우며 전체 면적이 훨씬 더 크게 보인다.

배우자가 떠난 후의 삶

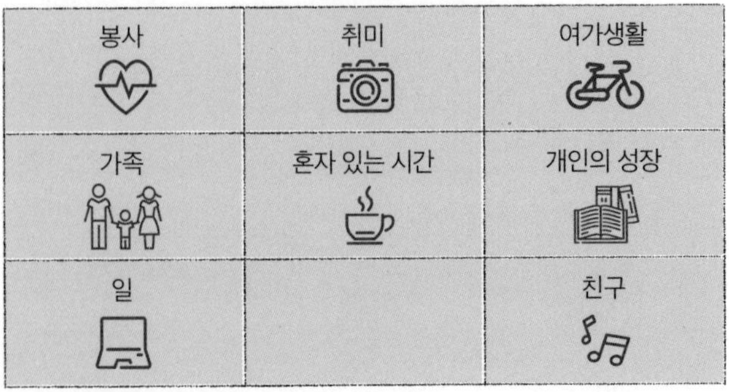

삶의 모든 영역에서 최선을 다하라

그렇다면 낸시도 사랑하는 사람을 잃는다면 어떻게 될까? 루이즈와 다를까? 낸시의 삶에서 부부관계가 사라지면 구멍이 하나 생길 것이다. 하지만 그렇다고 삶 전체가 사라지지는 않는다! 물론 낸시는 남편과 헤어질 때 고통 받았다. 그리고 지금도 때때로 외로움을 느낀다. 언젠가 또 다른 좋은 사람을 만나고 싶다고 생각한다. 하지만 그녀의 삶은 여전히 훌륭하게 움직이고 있다. 그녀는 하루하루를 기쁨과 만족을 주는 다양한 경험들로 채운다. 결핍감은 줄어들 수밖에 없다. 그녀에게는 다양한 의지처가 있기 때문이다.

강의 시간에 이런 이야기를 하자 한 학생이 불쑥 말했다. "맞아요. 제 인생에는 가족, 아이, 직업, 친구 등 많은 것들이 있어요. 하지만 유일하게 제가 의미를 느낀 부분은 부부관계예요." 나는 그녀에게 각각의 생활 부문에 충실해야 한다고 말했다. 각각의 생활 부문에 충실하다는 것은 삶의 모든 영역에 최선을 다한다는 뜻이다. 일할 때는 완전히 일에 몰두하고, 가족들과 함께 있을 때는 가족들과 온전히 함께하며, 친구들과 함께 있을 때는 친구들과 즐겁게 지내라는 것이다.

샌디라는 수강생은 더 나은 직장을 찾을 때까지 임시로 일하고 있다고 말했다. 지금 하는 일이 너무 지루해서 하루빨리 떠나고 싶다고 했다. 하지만 그런 마음으로 어떻게 일에 100퍼센트 충실할 수 있을까? 영원히 그 일을 하지 않는다고 해도 지금 하는 일에 100퍼센트 충실하다면 삶의 질이 100퍼센트 향상될 것이다.

나는 샌디에게 자신을 가치 있는 사람으로 생각해보라고 했다. 만약 우리가 직장에서 정말 중요한 사람이라면 어떻게 행동할까? 매일 목표를 정하고 그 목표를 달성할 것이다. 다른 직원들과 가깝게 지낼 것이다. 즐겁게 일할 수 있는 근무 환경을 조성할 것이다. 나는 지금 일을 열심히 한다 해서 그곳에 영원히 머물러야 한다는 뜻은 아니라고 조언했다. 샌디는 한번 노력해보겠다고 약속했다.

샌디는 다음 주에 상기된 표정으로 수업에 들어왔다. 우리 모두 그녀의 활기찬 모습을 보고 깜짝 놀랐다. 그녀는 직장에 화분과 그림을 가져다 놓자 답답하게 느껴지던 공간이 밝아졌다고 말했다. 또한 동료들을 칭찬하고 도움을 주었으며 매일 저녁 퇴근하기 전에 다음날 해야 할 목표를 정했다고 했다. 매일 목표 달성을 위해 노력하자 업무 능력이 갑절로 향상되어 일에서 재미를 느꼈다고 한다. 그러면서 기분도 아주 좋아졌다고. 목표를 달성하지 못한 날도 자책하지 않고 다음 날로 계획을 옮겼다.

그런 그녀를 보고 사람들은 응원해 주었다. 동료 한 사람은 그녀에게 무슨 일 있느냐고 물으면서 이렇게 말했다고 한다. "무슨 일인지 모르지만 계속 그렇게 하세요!" 무엇보다 놀라운 것은 그녀가 실제로 자신이 하는 일을 좋아하기 시작했다는 사실이다. 열심히 일하자 지루함도 사라졌다. 시큰둥한 태도를 버리고 지금 있는 자리에 충실하기로 마음먹자 만족감과 활력을 회복할 수 있었다. 그녀가 자신을 중요한 사람이라고 생각하게 되자 다른 혜택들도 뒤따라왔다. 자신감이 생겼고, 다른 직장으로 옮길 때 훌륭한 추천서를 받을 수 있었다. 그러면서 점점 더 활기찬 생활을 하게 되었다.

반드시 지금 상태를 지속할 필요는 없다

지금 있는 자리에서 최선을 다하라는 말에 부담을 느낀다면, 그것이 반드시 영원할 필요는 없다는 것을 기억하면 된다. 플로팅 병원 이사로 일하면서 나는 아주 즐겁고 행복했지만 8년 뒤에 또 다른 도전을 위한 준비를 시작했다. 내가 떠난다고 해도 병원은 계속 원활하게 움직일 것이라고 판단했고 후임자를 물색했다. 조금씩 업무를 인수인계하면서 이사회 임원들이 내가 후임자로 생각하는 사람에게 익숙해지도록 했다. 내가 떠나도 아무 문제가 없게 준비하면서 그만둘 때까지 그 자리에서 충실하게 일했다. 동시에 직장을 떠난 후에 하게 될 일을 위해 여러 준비를 했다. 여가 시간에는 강의를 하고 집필도 하고 심리치료 상담도 했다. 2년 후에는 플로팅 병원을 위해서, 그리고 앞으로 하게 될 일을 위해서 필요한 작업을 끝낼 수 있었다.

남녀관계에서도 같은 원칙이 적용된다. 아무도 관계가 얼마나 지속될지 모른다. 하지만 마지막 순간까지 그 관계에 몰두하면서 상대방과 우리 자신을 존중하고 예의를 갖추는 것이 중요하다. 만약 어떤 이유로 상대방을 떠나야겠다고 결심하거나 상대방이 떠난다고 하더라도 그동안 최선을 다했다고 생각하면 후회가 없을 것이다. 우리 삶이 격자 모양을 취하고 있다면 여러 영역에서 의미를 찾을 수 있기 때문에 상실감은 그다지 크지 않다.

격자 그림에서 봉사의 영역에 대해서는 약간의 설명이 필요하다. 이 영역은 우리가 세상을 변화시킬 수 있다는 것을 알게 해준다. 봉사는 우리의 자부심과 삶에 대한 만족도를 크게 높여준다. 세상을 변화시킬 수 있다는 말은, 우리가 무기력하지 않으며 세상에 필요한 사람이라는 것을 의미한다. 세상을 변화시키는 일이 마틴 루터 킹이나 앨버트 아인슈타인과 같은 사람들의 업적처럼 대단한 것이 되어야 하는 것은 아니다. 내가 말하는 봉사란 우리가 지금 있는 곳에서 주위를 둘러보고 무엇을 할 수 있는지 찾고, 그것을 하는 것을 의미한다. 그것은 우리 가족과 친구, 공동체, 국가, 세계를 위한 것일 수 있다. 우리는 누구나 지구에 도움을 줄 수 있다. 사고방식만 바꿔도 세상에 영향을 미칠 수 있다!

삶의 각 영역을 계획하라

당신은 여러 영역에서 최선을 다하는 삶이 우리의 인간관계, 직업, 자녀 등과 관련된 구체적인 문제에서 두려움을 줄여줄 수 있다는 것을 알았다. 이제 우리가 배운 것들을 삶에 접목시키는 단계를 밟을 준비가 되었다. 그 단계는 다음과 같다.

1. 삶이 악순환에 빠져 있을지 모른다는 사실을 인식한다.

과거를 돌이켜보면 상실감을 느낄 때마다 불편한 감정을 완화시키기 위해 같은 방법을 써왔다는 것을 알게 될 것이다. 아마 잃어버린 것을 다시 찾으려고 애썼을 것이다. 실연한 후에 제일 먼저 무엇을 할까? 대부분 다른 사람을 만나기 위해 노력한다. 그리고 새로운 사람이 떠나면 다시 상심에 빠진다. (겨우 3주밖에 만나지 않았다고 해도 말이다.) 그럼 다시 밖으로 나가서 없으면 죽고 못 살 것 같은 또 다른 인연을 찾아 나선다.

남의 이야기 같지 않은가? 하지만 그렇다 해도 크게 걱정할 일은 아니다. 지금까지 건강한 삶을 살 수 있는 골격을 제대로 갖추지 못했을 뿐이다. 다른 방식의 삶이 가능하다는 것을 인정했다면 다음 단계로 넘어갈 준비가 된 것이다.

2. 삶을 격자 모양으로 그려본다.

다음 그림처럼 아홉 칸의 사각형을 그린다. 삶에 어떤 요소들을 포함하고 싶은지 생각하면서 칸을 채워 나간다. 나는 분위기를 조성하는 것을 좋아하므로 평소 좋아하는 음악을 들으면서 해보라고 제안하고 싶다. 혼자 있는 조용한 시간을 택한다. 휴대폰의 전원은 잠시 꺼두자.

우리의 삶

3. 한 영역을 선택한 후, 그 영역에서 어떻게 하고 싶은지 떠올려본다.

'무엇을 할 것인가? 주변 사람들과 어떤 식으로 소통할 것인가? 그러면 어떤 기분이 들까?' 이때 두 가지를 기억해야 한다. 지금 있는 자리에 100퍼센트 충실해야 한다는 것, 자신을 쓸모 있는 사람으로 생각하라는 것. 이 두 가지 도구가 삶에 마법을 만들 수 있다!

4. 종이와 펜을 준비하고 머릿속으로 떠올린 것을 자세하게 글로 옮겨본다.

그러면 5단계로 넘어갈 준비가 된 것이다.

5. 머릿속으로 그린 것을 현실화하려면 어떻게 해야 하는지 적어본다.

시간을 갖고 신중하게 생각해서 적어야 한다. 다시 강조하지만, 무엇보다 행동이 중요하기 때문이다. 꿈을 현실로 만들기 위해서는 행동해야 한다. 행동은 너무나 중요하다!

만약 성장이라는 영역을 선택했다면 강의와 워크숍에 참여하고 책을 읽고 공부를 하는 등의 행동이 필요하다. 만약 강의를 듣기로 했다면 다른 수강생들과 어울리고 숙제를 열심히 하고 다음 수업시간을 기다리게 될 것이다. 하지만 불쑥 오래된 습관이 고개를 들 것이다. 강의를 듣다가 문득 '그 사람과 함께였다면 좋았을 텐데'라는 생각이 들 수 있다. 처음엔 이렇게 방황하는 마음을 끊임없이 다잡아야 하겠지만, 마침내 자중하게 될 것이다. 그때가 되면 지금 하는 일에 정신을 집중하고 주변에 관심을 두게 될 것이다. 동시에 결핍감이 사라질 것이다. 결핍감에 시달리는 사람들의 큰 문제 중 하나가 바로 주변 상황에 관심을 두지 못하는 것이다. 그러면서 그들은 마음이 허전하다고 괴로워한다.

친구와 관련된 영역은 어떨까? 친구들을 저녁 식사에 초대하고, 함께 즐거운 시간을 보내고, 편지를 쓰거나 전화를 해서 우리가 그들을 생각하고 있다는 것을 알게 하자. 친구들과 함께 있을 때 문득 애인이 없어서 아쉬운 마음이 들지도 모른다. 그럴 때 충실한 친구가 되는 것에 초점을 맞추고, 친구의 삶에 긍정적인 변화를 줄 수 있다고 생각하자. 그런 마음가짐만으로 친구들과의 관계는 더 즐겁고 풍요로워질 것이다.

젊었을 때 나는 친구들과 "멋진 남자가 데이트 신청하는 상황만 아니라면 약속을 꼭 지킨다."라는 일종의 불문율을 정해놓고 있었다. 당시엔 모두 동의했지만 지금 생각해보면 정말 유치하고 어리석기 짝이 없는 규칙이었다. 나는 항상 친구들과 정말 행복한 시간을 보냈기 때문이다. 내가 성장하면서 친구들을 하위에 두지 않게 되자 흥미로운 현상이 나타났다. 남자들이 나를 가볍게 생각하지 않게 된 것이다. 남자들은 내가 데이트를 위해 다른 약속을 취소하지 않는다는 것을 알고 며칠 혹은 몇 주일 전에 미리 전화했다.

여가생활 영역은 어떨까. 여가생활에 대해서는 나를 포함해 많은 사람이 혼란을 느낀다. 성취 지향적인 사람들은 휴식을 취하고 즐기는 시간을 불안하게 느낀다. 연인이나 친구들과 휴식을 취할 때는 그럭저럭 잘 지내지만, 혼자 있을 때는 뭔가 다른 일을 해야 할 것처럼 느낀다. 이러한 불안감을 가라앉히기 위해서, 휴식에 온전히 집중하고 우리 자신을 가치 있는 사람으로 생각한다면, 혼자서 쉬는 시간을 즐길 수 있을 것이다.

나는 적어도 매일 한 시간씩 모든 일을 제쳐놓고 쉰다. 잡지를 읽고, 해변으로 드라이브를 가고, 쇼핑을 즐긴다. 그러면 새로운 기분으로 일할 수 있게 된다. 이렇게 편안하게 쉬는 시간에 종종 좋은 아이디어가 떠오르기도 한다. 모든 영역에서 3, 4, 5단계를 거치면 세상이 놀라울 정도로 풍요롭고 충만하고 따뜻하고 관대하게 느껴질 것이다. 원하는 것을 얻기 위해 필요한 행동을 취하면 그것은 현실이 될 수 있다.

6. 매일 격자의 모든 영역에 관련된 목표를 정한다.

이미 부지런히 매일의 목표를 정해서 실천하는 사람들이 있을 것이다. 하지만 대부분 일과 관련된 것이 아닌가. 일 외의 모든 영역에서 목표를 정하고 노력한다면 조화로운 삶을 살게 될 것이다. 각각의 목표에 근접하면서 현재에 온전하게 충실하고 스스로를 중요한 사람이라 생각한다면 모든 일에서 집중력이 향상되고 충족감을 느낄 수 있다.

격자의 모든 영역을 매일 신경 쓸 수는 없을 것이다. 당연히 상황에 따라 우선 돌봐야 하는 영역이 달라질 수 있다. 휴가를 가면 다른 영역에 대해서는 잠시 잊어버리고 즐거운 시간을 보내는 것에 집중해야 한다. 중요한 연구를 하는 동안에는 특별한 집중력이 필요할 것이다. 궁극적으로 우리가 추구해야 할 것은 전반적인 균형이다.

만약 균형 잡힌 생활을 위해 노력할 가치가 없다고 생각한다면 그것은 우리 자신을 무시하는 것이다. 우리 삶이 그만한 가치가 없을까? 시간을 내서 성장과 행복을 뒷받침해주는 삶의 기본 구조를 정립해야 한다. 내 강의를 들었던 재닛이 이렇게 말한 적이 있다. "만일 우리가 항상 해오던 대로만 한다면 항상 얻었던 것만 얻을 거예요." 이 생각은 분명 그녀가 발전할 수 있는 원동력이 되었다!

만약 혼자는 의욕이 생기지 않는다고 해도 자책할 필요는 없다. 자극제가 되어줄 지원 그룹을 찾아보자. 그런 그룹을 발견하지 못했다면 성장을 도와줄 친구와 매주 만나 삶의 격자, 목표, 행동, 계획 등에 대해 연구하고 서로 도움을 준다. 만나기 전에 숙제를 열심히 하고 가면 효과가 있을 것이다. 중요한 것은 자신에게 충실하고, 각자 맡은 일을 하면서 한 주 동안 책임감 있게 행동하는 것이다. 지원 그룹을 만나기 어렵고 성장을 도와줄 친구도 찾기 어렵다면 전문가에게 도움을 구하자.

우리 삶을 무엇으로 채울 것인지 생각해보자. 계속해서 풍요로운 삶을 위해 노력한다면 그 무엇도 우리가 완전하다는 느낌을 뺏을 수 없다. 그러면 두려움 역시 사라지지 않을까?

Lesson 09.

뭔가 잘못되어 가고 있을 때 바로 잡기

있는 그대로 받아들이기

아무리 계획을 잘 짜놓고 그에 맞춰 산다고 해도,

예기치 않는 일이 우리에게 생긴다.

두려움에서 어떻게 자유로울 수 있을까?

나를 믿어라.
인생에서 최대의 성과와 기쁨을 수확하는 비결은
위험한 삶을 사는 데 있다.
_ 프리드리히 니체

나의 훌륭한 스승인 재닛 주커만은 상황을 불평하는 사람을 보면 이렇게 말했다. "두려움을 극복하려면 순리대로 해." 그 말이 무슨 뜻인지 물었더니 그녀가 대답했다. "간단해. 무슨 일이 일어나든 '노'가 아닌 '예스'를 말하라는 거야."

순리란 우리 의지와는 무관하게 세상을 움직이는 힘이다. 그 힘은 스스로 움직이면서 우리 기대와는 다른 방향으로 흘러갈 수 있다. 순리란 우리가 통제할 수 없는 흐름이다. 우리가 어떤 계획을 세워도 순리로 인해 뜻밖의 사건이 일어나고 모든 것이 변해버릴 수 있다. 종종 우리가 최악을 상상하며 두려운 이유는, 예기치 못한 상황이 일어날 가능성 때문이다. 그럴 때는 이 말을 기억한다. "좋아!"

삶이 우리에게 주는 것들을 떠올려라

순리를 따르라는 말은 곧 삶이 우리에게 주는 것들을 받아들이라는 것이다. 저항을 버리고 상황이 제시하는 가능성을 새로운 관점으로 바라보라는 것이다. 긴장을 풀고 상황을 차분히 바라보면 불안과 걱정에서 벗어날 수 있다.

앞서 언급한 '좋아!'라는 생각은 정신뿐만 아니라 신체에도 긍정적 영향을 미친다. 반면에 '아니야!'라고 생각하는 것은 피해의식에 사로잡혀 희생자가 되는 지름길이다. '어떻게 나한테 이런 일이 생길 수 있지? 믿을 수 없어!'라며 절망하면 성장과 도전의 기회가 차단된다. 긴장, 피로, 에너지 고갈, 정서 불안 등의 감정을 불러일으킨다. 더 나쁜 경우는 그런 일에 '무감각해졌어.' '나는 감당 못 해. 더 이상은 안 돼. 희망이 없어.'라고 생각하는 것이다.

'좋아!'라고 생각해야 희망이 생긴다. '좋아!'라는 생각은 좌절을 이겨내는 해독제일 뿐만 아니라 뿌리 깊은 두려움을 사라지게 하는 기적의 치료제다.

찰스는 뉴욕 빈민가에서 태어났다. 터프 가이로 자랐지만 어느 날 거리에서 싸움이 붙어 총상을 입었다. 척추가 부서져

하반신이 마비됐다. 내가 찰스를 만났을 때 그는 재활 훈련을 마치고 플로팅 병원에서 일자리를 찾고 있었다. 아이들이 자신처럼 실수를 저지르지 않도록 교화하는 일을 하고 싶어 했다. 그는 나와 함께 일하면서 주변 사람들을 감동시켰다.

하루는 강의실에 들어갔는데, 찰스가 아이들에게 둘러싸여 있었다. 어린아이들이 장애인을 보고 쏟아내는 질문에 일일이 답해주고 있었다. "걸어 다니지 못하면 어떤 기분이 들어요?" "휠체어를 탄 사람에게 어떻게 대해야 해요?" "화장실에는 어떻게 가요?" 찰스는 아이들에게 장애인이 무엇을 가장 원할 것 같으냐고 물었다. 한 아이가 말했다. "친구요!" "맞아!" 찰스가 대답했다. 그러자 아이들이 모두 뛰어올라 그를 껴안으며 소리쳤다. "내가 친구가 될게요!" 그 수업에서 누가 가장 많은 것을 얻었을까?

하루는 노인들이 모인 파티에서 춤추는 찰스를 보았다. 우리는 노인축제를 위해 3인조 밴드를 고용했지만 그들은 어울려 놀기를 망설였다. 갑자기 찰스가 휠체어를 밀고 무대 한가운데로 들어가 음악에 맞춰 춤추기 시작했다. "자, 모두 춤추고 놀아요. 내가 춤출 수 있다면 당신도 출 수 있어요!" 잠시 후에는 모두 춤추고 웃고 노래하고 손뼉을 쳤다. 그의 열정이 전염된 것이다. 방에 모인 사람들은 금방 친구가 되었다. 그는 사람들에게 긍정적인 태도를 가지면 어떤 상황에서도 소중한 가치를 만들 수 있다는 것을 몸소 보여주었다.

나는 찰스와 여러 번 대화할 기회가 있었다. 그는 불구가 되고 나서 처음에는 모든 희망과 의지를 잃었다고 고백했다. "남자답던 제가 대소변도 혼자 해결하지 못하고 걷지도 못한다는 걸 쉽게 받아들이긴 힘들었죠." 처음 재활원에 입소했을 때 그는 훈련을 거절했었다. 그러자 재활원에서는 다른 사람을 위해 그를 집으로 돌려보내려고 했다. 그 상황이 그에게 전환점이 되었다. 집에 돌아가면 더 이상 기회는 없다는 생각에 재활 훈련을 받기로 했다.

재활 훈련을 하자 그는 눈에 띄게 좋아졌다. 전에는 생각지도 못했던 기회들이 열렸다. 그는 삶의 의미를 찾았다. 그것은 시련을 겪는 사람들을 돕는 것이었다. 그가 할 수 있다면 사람들도 할 수 있다는 것을 보여주고 싶었다. 찰스는 내게 이제 장애인이 된 것을 감사한다고 말했다. 왜냐하면 덕분에 세상에 많은 기여를 할 수 있게 되었으니까. 사고 전의 찰스는 삶의 의미를 생각해본 적이 없었다. 그러나 이제 그는 오히려 사고 전의 자신이 더 큰 장애를 갖고 있었다는 것을 깨달았다.

고통을 받아들이면 자유로워진다

내가 순리에 따르라는 이야기를 하자 한 학생이 흥미로운 질문을 했다. "항상 순리에 따르면 모든 고통을 피할 수 있나요?" 나는 잠시 생각한 뒤에 그럴 수는 없다고 대답했다. 고통은 불가피하다. 그것을 우리 삶의 일부로 받아들여야 피해 의식에 사로잡혀 좌절하거나 희생자가 되지 않을 수 있다. 내가 이렇게 말하자 학생은 내 말을 이해했다. "아, 그것이 고통을 받아들이는 것과 고통을 거부하는 것의 차이군요." 바로 이것이다!

수강생들은 자기도 모르게 고통을 받아들인 경우를 떠올릴 수 있었다. 나딘은 어머니가 세상을 떠나고 상실의 고통에 사로잡힌 이야기를 했다. 그녀는 어머니와 함께했던 좋은 순간들을 추억하며 우는 동안 마음이 편안해짐을 느꼈다. 울면서 '감사하다'는 생각을 되풀이했다. 살아가는 동안 이별이란 경험이 불가피한 것임을 배웠다. 또한 사랑하는 사람의 죽음을 재앙으로 받아들이는 것, 그 사람과 함께한 시간이 얼마나 행복했는지를 기억하며 받아들이는 것의 차이도 알았다. 죽음을 삶의 일부로 대하는 것과 상실, 불행으로 대하는 것에는 큰 차이가 있다.

베시는 아들을 대학에 보낼 때 느꼈던 고통을 기억해냈다. 아들이 차를 향해 걸어가는 것을 바라보며 눈물을 글썽거렸었다. 이제 아들이 손님처럼 집을 방문할 것이라고 느껴졌다. 하지만 그를 보낼 시간이 됐고, 그렇게 항상 변하는 것이 인생이라고 생각했다. 그녀는 곧 마음을 추스르고 근사한 저녁을 준비했다. 남편과 다시 신혼 시절처럼 지내기로 한 것이다. 베시의 이야기는 애착을 가졌던 대상을 떠나보내는 것은 고통스럽지만, 계속 앞으로 나아가야 한다는 것이다. 새로운 희망과 꿈을 가질 수 있다는 것을 깨닫게 해준다. 아름다운 경험을 뒤로하고 또 다른 경험을 기대하는 그녀에게서는 삶의 여유가 느껴진다.

마지는 남편이 죽었을 때 느꼈던 고통을 이야기했다. 혼자 남게 되자 남편이 너무 그리웠지만 결국 홀로서기를 해야겠다고 결심했다. 그리고 전에는 생각지도 못했던 모험을 하면서 점차 자신감이 생겼다. 삶을 받아들이고 스스로 새로운 세상을 창조할 수 있었다.

어떤 사람들은 슬픔을 거부하고 고통을 회피한다. 내 친구 중 한 명은 아내가 죽은 뒤에 더 이상 앞으로 나아가길 거부했다. 5년이 지났는데도 여전히 내게 전화해 울먹거리며 이렇게 묻는다. "왜 아내가 죽어야 했을까?" 그는 순리를 거부했다. 그 결과 안타깝게도 고통 받은 사람은 그 자신이었다. 아직 그와 통화하는 사람은 아마 얼마 없을 것이다. 그는 삶이 주는 축복, 새로운 사람을 만나고 새로운 경험을 할 수 있는 기회마저 거부했다. 고통을 거부함으로써 무기력한 사람이 됐다. 현실을 부정하면 삶에 치명적인 손상을 입는다. 고통을 거부하지 말고 받아들여야 한다. 그러려면 순리에 따라야 한다.

샌디 역시 고통을 외면하는 사람이다. 12년 전, 그녀의 아들은 교통사고로 숨을 거두었다. 친구들은 그녀가 아들의 죽음을 의연하게 극복한 줄로 알았으나, 그녀는 그 충격에서 헤어 나오지 못하고 있었다. 3년 후 그녀는 아들의 죽음과는 무관해 보이는 간질에 걸렸다. 9년 동안이나 간질 발작 때문에 일할 수 없었다. 게다가 남편과 다른 자식들과의 관계도 점점 악화됐다.

샌디는 마침내 가정불화를 겪는 사람들을 돕는 단체를 찾아갔다. 리더는 그녀에게 커다란 상실을 겪은 적이 있느냐고 물었다. 그녀는 그런 일이 있었지만 아주 오래전 일이라서 더는 문제되지 않는다고 대답했다. 하지만 리더는 짚이는 게 있기 때문에 아들을 잃어버린 경험을 되살리게 했다. 그제야 그녀는 억눌렀던 슬픔을 터뜨렸다. 그리고 그 모임을 통해 고통을 치유해갔다. 놀랍게도 간질 발작은 5주 만에 거의 사라졌다. 그녀는 약을 끊고 좋은 일자리를 구했으며 가족들과의 관계도 개선됐다.

고통은 계속 억누르면 무서운 파괴력을 지닌다. 샌디의 경우는 극단적인 예시지만, 겉으로 드러나지 않은 고통이 많은 사람의 삶을 파괴하고 있다. 고통을 인정하지 않으면 신체적인 문제나 분노와 같은 파괴적인 감정들이 나타날 수 있다. 고통을 받아들이고 그 이면에 있는 원인을 이해할 때에야 비로소 자유로워질 수 있다.

세상에 대한 반응은 내 마음대로

한 친구가 빅터 프랭클의 《죽음의 수용소에서》라는 책을 나에게 주면서 말했다. "넌 이 책을 꼭 한 번 읽어봐야 할 것 같아." 나는 그 책이 유대인 포로수용소에서 겪은 이야기라는 것에 당황했다. 그전까지 그런 주제의 책은 일부러 피해왔다. 너무 무섭고 끔찍해 읽기가 싫었다. 나치 수용소는 인간이 도저히 버티기 힘든 지옥과 같은 곳이다. 그 책을 읽을 용기가 나지 않아 잘 안 보이는 곳에 치워두려 했을 때, 친구가 한 말이 생각났다. "넌 이 책을 꼭 한 번 읽어봐야 해."

갑자기 친구가 내게 알려주려 한 것이 무엇이었는지 궁금해 책장을 한 장씩 넘겨가며 읽기 시작했다. 눈물을 멈출 수 없었다. 하지만 계속 읽으면서 마음이 가벼워지기 시작했다. 프랭클을 포함한 포로들은 수용소에서의 삶을 직시했을 뿐만 아니라 순리에 따랐다. 그들에게 주어진 삶에서 긍정적인 경험을 창조했다. 그리고 그 경험에서 삶의 의미를 발견하고 성장했다. 프랭클은 다음과 같이 썼다.

"수용소 생활은 인간이 어떤 상황에서도 스스로 선택해서 행동할 수 있다는 것을 보여 주었다. 우리는 그곳에서 냉소적인 태도를 극복하고 불안감을 다스릴 수 있다는 것을 증명하는 영웅적인 행동들을 종종 볼 수 있었다. 인간은 정신적·신체적으로 억압받는 비참한 조건에서도 정신적 자유와 독립심을 유지할 수 있다. 우리는 수용소의 막사를 돌아다니면서 다른 사람들을 위로하고 마지막 남은 빵까지 나누어 주었던 사람들을 기억한다. 그런 사람들이 많지는 않았지만 그들은 인간에게서 모든 것을 빼앗아도 한 가지만은 앗아갈 수 없다는 것을 보여 주었다. 어떤 상황에서도 인간에게는 스스로 자신의 길을 선택할 자유가 있다. 주어진 운명과 그에 따라오는 모든 고통을 받아들이는 태도, 자신의 십자가를 지는 태도에 따라 아무리 어려운 상황 속에서도 삶의 의미를 찾을 기회가 있다."

나는 책을 덮으며 내 안에 어떤 변화가 일어나는 것을 느꼈다. 앞으로는 살면서 크게 두려워할 일이 없을 것 같았다. 프랭클이 이렇게 상상조차 하기 힘든 가혹한 환경에서 긍정적인 무언가를 창조했으니, 나 역시 어떤 상황에서도 가치를 창출할 수 있을 것이라는 생각이 들었다. 스스로 선택할 수 있다는 사실을 항상 의식하기만 하면 말이다.

세상은 우리 마음대로 할 수 없지만 세상에 대한 반응은 우리 마음대로 할 수 있다. 순리를 따르면 두려움을 줄일 수 있을 뿐 아니라 삶의 의미도 찾을 수 있다.

순리에 따르라는 것은 포기하라는 게 아니다

또 다른 수강생은 이런 질문을 했다. "순리에 따르는 건 모든 걸 그대로 받아들이는 건데, 만약 우리가 모든 걸 받아들이기만 하면 잘못된 상황에서도 변화를 위한 노력을 안 해도 된다는 건가요?" 나는 그에게 순리에 따르는 것은 긍정적으로 행동하는 것을 의미하며, 만약 행동을 포기하면 이는 순리를 거부하는 것이라고 설명했다.

순리에 따르라는 말은 절대로 포기하라는 말이 아니다. 순리에 따르는 것은 삶이 우리에게 무엇을 주든 의미를 창조할 수 있다는 믿음을 갖고, 행동하는 것을 뜻한다. 순리에 따르는 것은 역경을 헤쳐나갈 건설적인 방법을 찾는 것이다. 적극적으로 행동하는 것을 의미한다. 여러 조건 중에서 우리의 성장을 도울 길을 찾는 것도 뜻한다. 절망하지 않고 새로운 가능성에 마음을 여는 것이다.

만약 우리가 핵무기를 저지할 수 없다고 믿는다면 국제적 갈등의 평화적 해결을 위해 노력하지 않을 것이다. 변화의 가능성이 보여야만 변화를 위해 노력할 수 있다. 그리고 우리의 성장 가능성을 받아들일 수 있다. 희망이 있다고 생각하기 때문에 지구의 평화를 만드는 기회에 동참하는 것이다. 희망이 없다고 믿는다면 물러나 앉아서 파멸을 자초하게 될 것이다.

우리는 마치 자동반사적으로 순리를 거부하는 것 같다. 불구가 되었을 때, 직장을 잃었을 때, 배우자가 죽었을 때, 아이가 심하게 아플 때, 순리를 따르라는 말은 받아들이기 힘들다. 그러나 세상에는 최악의 상황을 딛고 일어나 성공한 사람들이 많다. 순리를 따른다는 개념을 이해하는 것은 어렵지 않지만 이를 실천하기 위해서는 엄청난 자각이 필요하다.

흐름에 맡겨라

순리에 따르기 위해서는 일상에서 일어나는 사소한 일들을 연습하는 것부터 시작해야 한다. 두려움과 관계없는 일이라도 연습이 될 수 있다. 자동차 계기판에 "순리를 따르자."라는 글을 붙여놓으면 차가 밀려서 짜증이 날 때 그 글을 보고 자신이 순리를 거부하고 있다는 것을 상기하게 될 것이다. 일단 자각하면 몸의 긴장을 풀고 그 시간에 라디오에서 나오는 노래를 즐기거나 잠시 고개를 들어 하늘을 바라보는 여유를 느낄 수 있다. 또 촌각을 다투는 급한 일이 없다는 것에 대해 감사할 수 있다. 편안하게 기대앉아 그 시간을 즐겨본다.

어떤 경험을 하든 자신에게 다음과 같은 질문을 해본다. 이 경험을 통해 무엇을 배울 수 있을까? 어떻게 하면 경험을 긍정적으로 받아들일 수 있을까? 이 경험의 결과 내가 성장할 수 있을까? 긍정적인 무언가를 창조하겠다는 의지만으로도 긍정적인 일이 일어난다. 결과에 대한 기대는 버리고 새로운 가능성에 마음을 연다.

약속 시간에 늦을까 봐 걱정이 된다면 그 상황에서 할 수 있는 일이 아무것도 없다는 것을 상기하고 느긋하게 생각한다. 예기치 못한 일로 늦을 수 있다는 것을 고려해서 앞으로는 더 일찍 집을 나서야겠다고 생각한다. 반대로 누군가를 기다리며 초조해하고 있다면 지나가는 사람들을 구경하거나 죄책감을 느끼지 않고 마음껏 쉰다.

순리에 따르지 못한다고 스스로를 탓하지 말자. 우리 자신에 대해 인내심을 가진다면 일상에서 연습할 기회는 얼마든지 있다. 아이가 바닥에 우유를 흘리고, 비서가 중요한 편지를 잃어버리고, 세탁소에서 옷을 망쳐버렸다고 화가 날 때마다 "순리에 따르자."라는 말을 떠올린다. 이렇게 일상적인 일로 훈련하다 보면 중요한 문제들을 다룰 준비가 될 것이다. 두려움이 점차 수그러들고 대신 우리 스스로 삶을 다룰 수 있는 능력에 대한 믿음이 생길 것이다. 불가능한 것에서 가능성이 보이면서 세상이 '완벽하게' 움직이고 있다는 생각이 들기 시작할 것이다. 마음을 열기만 하면 모든 것에서 이유와 목적을 발견할 수 있다.

우리가 두려움을 느끼는 이유는 순리를 거부하기 때문이다. 흐름에 맡기라는 표현을 들어보았을 것이다. 그 말은 우리에게 주어진 삶을 받아들이라는 뜻이다. "인생의 열쇠는 그 흐름에서 무엇을 얻을 수 있는지 알아내는 것이 아니라 흐름 속으로 어떻게 들어가는지를 알아내는 것이다."라는 말도 있다. 베리 스티븐스의 책 제목《강물을 거슬러 가지 말라 Don't Push the River》처럼, 삶과 아등바등 싸우지 말자. 강물에 실려 가면서 새로운 모험을 만나고 삶을 경험하자. 그 길을 따라가면 절대로 길을 잃을 일은 없다.

Lesson 10.

더 가치 있는 삶을 위해 살자

감사할 일들 찾기

혼자 태어나서 혼자 죽는다고는 하지만,

우리는 다른 사람들의 도움 없이 살기 어렵다.

생각해보면 감사할 일이 너무나도 많다.

이 세상에 열정 없이 이루어진
위대한 것은 없다.
_ 게오르크 빌헬름

당신은 스스로를 베푸는 사람이라고 생각하는가? 어느 날 이 질문을 수강생들에게 던졌다. 대부분은 그렇다는 의미로 고개를 끄덕였다. 그들 대부분은 기혼자였고 나는 그들에게 그럼 집에 가서 배우자에게 '고맙다'고 말하라는 숙제를 내주었다. 모두 어리둥절해 했다. 그들의 얼굴에 못마땅한 기색이 역력했다. 결혼한 지 25년 된 로티가 퉁명스럽게 말했다. "왜 내가 남편에게 고맙다고 해야 하죠? 그 사람이야말로 내가 같이 살아주는 걸 고마워해야 해요!"

나는 로티에게 물었다. "로티, 당신은 왜 남편과 함께 살고 있죠?" 그녀는 우물쭈물하면서 대답했다. "남편은 내가 없으면 밥 한 끼 제대로 못 차려 먹어요. 그리고 이혼이 쉬운 일은 아니잖아요." 나와 다른 수강생들이 진짜 그런 이유냐고 계속 추궁하자 마침내 로티는 여러 가지로 남편에게 도움 받는다는 사실을 인정했다. "음, 남편이 있어서 외롭지 않고 경제적으로도 도움이 돼요." "그렇군요. 그러니까 집에 가서 남편에게 고맙다고 말하세요."

다음 수업 시간에 나타난 수강생들은 난처한 표정을 지었다. 배우자에게 고맙다는 말을 하기가 무척 어렵다고 토로했다. 어떤 사람은 숙제라 억지로 했다고 말했고, 어떤 사람은 노력했지만 말할 수 없었다고 고백했다. 어떤 사람은 아이들과 부모에게도 고맙다고 말해보려고 했지만, 굉장히 하기 어려웠다고 말했다. 그러면서 처음으로 자기가 진심으로 베풀고 있는지 의심스러웠다고 했다.

그들 대부분은 결혼생활에 충실한 사람들이었다. 하지만 그들이 진심으로 베푸는 삶을 살고 있었을까? 어떻게 베풀어야 하는지 알고 있었을까? 아니면 단지 넌 나를 위해 이것을 하고, 난 너를 위해 저것을 하는 거야, 하는 식으로 서로 거래한 것은 아니었을까? 수강생들은 이 간단한 숙제를 통해 자신에 대한 진실을 깨닫고 부끄러워했다. 나는 대부분 베푸는 법을 잘 모르고 있다고 그들을 안심시켰다. 우리 대부분은 서로 주고받는 식으로 움직이고 있다. 돈, 감사, 사랑 등을 어떤 대가를 바라지 않고 진심으로 베푸는 사람은 별로 없다.

인생을 풍요롭게 하는 배려

대가를 받는 게 뭐가 잘못이냐고 말할지도 모른다. 물론 잘못은 아니다. 그러나 남을 위해 하는 행동이 사실은 뭔가를 받아내기 위한 것이라면 삶은 얼마나 삭막할까? 우리가 베푸는 모든 것이 무언가를 받기 위한 것이라면 자연히 이런 질문을 하게 될 것이다. '나는 충분히 돌려받고 있나?' 이런 식으로 생각하면 손해 보지 않기 위해 상대를 통제하려는 욕구가 강해질 것이고, 마음의 평화가 무너질 것이며, 분노와 원망이 생길 것이다. 받는 것이 주는 행위의 가장 중요한 동기가 될 때 무엇이 문제가 되는지 이해할 수 있을 것이다.

바라는 것 없이 진심으로 베풀면 상대뿐 아니라 우리 자신도 기분이 좋아진다. 그런데 진심으로 베푸는 일은 왜 어려운 것일까? 나는 여기에 두 가지 이유가 있다고 생각한다. 첫째, 성숙한 사람만이 대가 없이 진심으로 베풀 수 있는데 우리 대부분은 성숙하지 못하기 때문이다. 둘째, 베푸는 법은 배워야 아는데 우리 대부분이 그렇지 못했기 때문이다. 이제라도 배워야 한다. 우리가 베푸는 법을 배우지 못한 이유는 간단하다. 자신이 진심으로 베풀고 있는 줄로 착각하고 있기 때문이다. 우리는 자신도 모르게 스스로를 속이고 있다. 자신이 생각하기에 베푸는 사람인 것 같지만 한 꺼풀만 들춰보면 그렇지 않다.

사실 사회는 베풀지 말라고 가르친다

인생에서 가장 가치 있는 일은 배려하는 방법을 배우는 것이다. 두려움을 해결하는 열쇠도 배려에 있다. 우리는 아기일 때 끊임없는 보살핌을 받는다. 그렇지 않으면 살 수 없다. 배가 고프면 아무 때나 부모를 깨우고 안아달라고 동네가 떠나가도록 울어댔다. 그러면서도 돌려주는 것은 없었다. 물론 부모는 아기의 미소와 아기와의 스킨십에서 기쁨을 얻는다. 하지만 아기가 잠들면서 '내 삶은 풍요로워. 사람들에게 베풀게 많지. 내일 아침에는 환한 미소로 엄마 아빠를 기쁘게 해드려야겠어.'라고 생각하지는 않는다. 아기가 주는 선물은 단지 본능적이고 반사적일 뿐이다.

그러다 시간이 지나면 독립적인 존재가 되고, 자기 앞가림도 할 수 있게 된다. 적어도 그렇게 보인다. 혼자 옷을 입고, 혼자 밥을 먹고, 스스로 생계를 꾸려간다. 하지만 어른이 된 뒤에도 그다지 달라진 것은 없는 것 같다. 여전히 음식, 돈, 사랑, 칭찬 등을 욕망하며 허기를 느낄 때마다 아무도 달래주러 오지 않을까 봐 두려워한다. 허기가 채워진다고 해도 잠시뿐, 다시 배가 고프다.

이러한 허기는 우리를 베풀지 못하고, 사랑하지 못하고, 살아남기 위해 요령을 부리게 한다. 욕구가 충돌하면 상대를 배려할 여유가 없다. 그리고 유아기적인 행동을 하면서 무기력해지고, 속수무책이 되고, 화가 나고, 좌절하고, 불만스럽고, 실망하고, 두려움을 느낀다. 우리의 생존을 다른 사람에게 의지하는 것은 두렵다. 그래서 우리는 어른이 되어도 어린아이 같은 질문을 한다. '날 떠나면 어쩌지?' '날 사랑하지 않으면 어쩌지?' '그들이 나를 보살펴줄까?' '그들이 병들어 죽기라도 하면 어쩌지?' 배우자나 친구, 상사, 부모, 심지어 자녀들과의 관계에서도 이런 걱정들이 끊이지 않는다.

이렇게 두려워하는 사람들은 진심으로 베풀 수 없다. 결핍감이 뿌리 깊어 충분함을 느끼지 못한다. 사랑, 돈, 칭찬, 관심

등 모든 것이 충분하지 않다. 그리고 어느 한 부분에서 두려움을 느끼면 다른 부분까지 두려움이 확산되면서 마음의 문을 닫고 방어적이 된다. 두려워하는 사람을 생각하면 웅크린 모습이 떠오를 것이다. 하지만 그 이미지는 그들 내면의 상태이며, 실제 밖으로 드러나는 모습은 다음과 같이 다양하다.

- 상사의 인정을 받으려고 애쓰는 직장인
- 자신의 인생을 살지 못하는 것을 남편이나 아이들 탓으로 돌리는 주부
- 남자를 너무 까다롭게 고르다가 독신으로 지내는 커리어우먼
- 아내가 직업을 갖는 것을 못마땅하게 생각하는 남편
- 무책임하고 잘못된 결정을 내리는 회사 간부

이들의 행동은 생존에 대한 두려움에서 비롯된다. 이들의 속을 들여다보면 하나같이 잔뜩 웅크리고 있다. 이렇게 된 이유는 무엇일까. 실제 우리 사회는 사람들에게 성장하고 베푸는 방법을 가르치지 않는다. 우리는 베풀고 있다고 생각하지만 사실은 그렇지 못하다. 안전을 위해 조심하라고 배우는 것처럼, 다른 사람들 속임수에 넘어가거나 이용당하지 않도록

조심하라고 배운다. 따라서 주기만 하고 받지 못하면 뭔가 손해를 본 것처럼 느낀다. 그런데 만약 끊임없이 다른 사람에게 뭔가를 기대한다면 적절한 대접을 받지 못한다는 실망감을 평생 안고 살아야 할 것이다.

나 역시 30대 중반이 되어서야 비로소 내가 많은 것을 가졌지만, 충분하다고 느끼지 못한다는 것을 깨달았다. 사랑, 돈, 칭찬 등 무엇이든 많이 가질수록 더 많이 원했다. 뭔가를 하거나 하지 않거나 항상 만족하지 못했다. 게다가 내가 가진 모든 것이 사라지고 아무것도 남지 않을지도 모른다는 두려움 속에서 살았다. 마치 사막에 물 한 방울만 남은 것처럼 전전긍긍했다.

그런 방식은 분명 나 자신과 다른 사람들에게 도움되지 않았다. 나는 많은 스승을 찾아다니며 답을 구했고, 결핍에 대한 두려움에서 벗어나기 위해서는 지금까지와는 정반대로 해야 한다는 것을 깨달았다. 붙잡고 늘어지기보다는 놓아주고 보내주고 베풀어야 했다. 사실 많은 것을 받았다고 느낄 때 주는 것은 쉽다. 하지만 많이 받았다고 느끼는 것은 정말로 쉽지 않다.

다시 한번 말하지만, 진심으로 베푸는 법은 평생 배워야 한다. 지름길은 없다. 성숙한 어른이 되기까지는 아주 오랜 시간이 걸린다. 사실 평생의 과제라고 생각해야 한다. 나는 오랫동안 노력했고, 지금도 노력하고 있다. 좋은 소식은 진심으로 베푸는 훈련을 시작한 이래로 나 스스로 느끼는 내면의 힘과 다른 사람을 사랑하고 믿을 수 있는 능력이 적어도 10배는 증가했다는 것이다.

찾아보면 언제나 감사할 것들이 있다

지금 함께인 사람들, 과거에 만난 사람들의 이름을 종이에 적고, 그들이 자신에게 어떤 도움이 되었는지 적어보자. 고통을 주었고 무척 싫어하는 사람이라고 해도 삶에 어떤 도움이 되었는지 생각하고 그것을 적어보자. 앞에서 로티는 평소 남편에 대한 불만을 가지고 있었지만 결국 그가 자신에게 많은 것을 주었다는 것을 깨달았다. 부정적인 것에서도 감사할 것을 찾을 수 있다.

나는 어느 날 아들에게 남편과 이혼할 당시 충분히 신경 써주지 못해 미안하다고 사과했다. 당시에는 너무 힘들어서 도와줄 수 없었다고 하자 아들이 말했다. "괜찮아요, 엄마. 덕분에 저는 독립심을 배울 수 있었어요. 좋은 공부를 했다고 생각해요." 그는 나의 부족함에 대해 오히려 감사했다! 그런 사고방식은 원망하며 지내는 것보다 그의 정신건강에도 훨씬 도움이 됐을 것이다.

만약 누군가에게 부당한 일을 당했다고 해도 그로 인해 교훈을 얻지는 않았는지 생각해보고 적어본다. 이렇게 이런저런 사람들로부터 받은 선물들을 열거한 뒤에는 어떤 식으로 감사를 표시할 것인지 생각해본다. 한동안 만나지 못한 사람이라면 전화나 편지로 감사를 전한다. 그들에게 감사하다고 말하면서 얼마나 큰 기쁨을 얻는지 놀라게 될 것이다.

전 남편이나 친구, 상사, 소원해진 부모나 아이들에게 감사 인사를 하는 것은 특히 어려울 수 있다. 그들에 대한 원망과 분노를 털어버리기 위해서는 노력이 필요하다. 조용한 방에서 스마트폰을 끄고 조용한 음악을 튼다. 편안한 의자에 앉아서 눈을 감는다. 자신에게 분노나 고통을 불러일으키는 사람을 머릿속에 그려본다. 그 사람이 당신 앞에서 행복의 밝은 빛으로 둘러싸여 있는 상상을 한다. 그 사람이 원하는 모든 일이 다 잘되기를 빌어준다. 그가 준 것에 대해 감사한다. 부정적인 감정이 떠났다고 느낄 때까지 계속한다. 쉽지 않다는 것을 나도 잘 알고 있다. "잘되길 빌어주라고요? 제정신이에요? 그동안 나한테 한 짓을 생각하면 벌을 받아도 시원치 않아요!"라고 말하고 싶을 것이다.

나도 나를 배신한 사람을 떠올리자 그가 잘되기를 빌어주는 것은 거의 불가능할 것 같았다. 그는 내 밑에서 일하는 동안 혼란과 고통을 주었던 사람이다. 나는 그를 진심으로 믿었는데 그는 나를 배신했다. 나는 완벽한 피해의식에 사로잡혔다. 모든 것이 그의 탓이라고 생각했다. 그에 대한 생각만 해도 화가 치밀어 올랐다. 내가 얼마나 큰 분노와 원망을 품고 있었는지 깨닫고서 놀랄 정도였다. 분노가 점차 가라앉자 당시 느꼈던 고통이 되살아났다. 그 고통은 점차 나에 대한 분노로 바뀌었다.

사실 그 모든 일은 나 자신이 자초한 것이었다. 그렇게 오랫동안 분노를 담아뒀다니, 한심하다는 생각이 들었다. 나 자신과 그 사람을 용서하기로 했다. 우리 두 사람 모두 나름대로 최선을 다했을 뿐이라고 생각했다. 그러자 마침내 우리 두 사람 사이에 있던 벽이 없어지고 마음이 편안해졌다. 이 과정까지 한 시간 정도가 걸렸다. 처음에는 별 기대를 하지 않았다. 하지만 소리 지르고 눈물 흘리고, 괴로워하고, 증오하고, 마음을 열고, 용서하고, 사랑과 평화를 느꼈다. 매일 훈련하자 그에게 부정적인 감정을 느끼는 대신 편안한 마음으로 그가 잘되기를 빌어줄 수 있었다.

이후 나는 내가 부정적으로 생각했던 모든 사람을 떠올리며 이 훈련을 했다. 그중에는 내 전남편도 있었다. 마음속으로 그가 잘되기를 빌어줄 수 있는 지점에 도달했을 때 나는 그에게 연락해서 점심을 함께 먹자고 제안했다. 하고 싶은 이야기가 있다고만 말했다. 그는 흔쾌히 응했고, 우리는 만나서 점심을 먹었다. 나는 우리의 지난 결혼생활에서 정말 감사하는 것들에 대해 이야기하고 그의 좋은 점들을 칭찬했다. 내가 마음을 열자 그도 마음을 열고 나에 대한 좋은 이야기를 해주었다. 그날 점심을 먹고 그와 헤어질 때는 오랫동안 미뤄온 일을 끝낸 것처럼 후련했다.

만약 목록에 적은 사람들을 실제로 만날 수 없다면 마음속으로 감사를 표시하자. 그들이 마치 당신 앞에 앉아 있는 것처럼 생각하고 하고 싶은 말을 해보자. 마음속으로 그들과의 관계를 치유하자. 사랑을 불러오기 전에 먼저 분노와 고통을 없애야 한다. 지나간 사람들에 대한 부정적인 감정은 몸과 마음을 병들게 할 수 있다.

감사하고, 표현하고,
감사하라

많은 사람이 감사하다고 말할 줄 모른다. 감사 표시하는 것이 얼마나 중요한지 모른다. 기회가 있을 때마다 어떤 식으로든 도움을 준 사람들에게 감사를 표시하자. 일상생활에서 감사를 표현하는 연습을 해보자. 주변 사람들에게 감사하는 마음을 갖고, 감사하다는 말을 듣기 전에 먼저 감사하자. 처음에는 어렵겠지만 점점 쉬워질 것이다. 감사하는 일은 운동을 하는 것처럼, 많이 할수록 점점 쉬워진다.

그리고 베푸는 행위는 우리 자신에서 벗어나 밖으로 나아가는 것이다. 웅크렸다가 두 팔을 쭉 뻗고 일어서는 것이다. 바로 그때 두려움에서 벗어나 힘이 용솟음치는 기분을 실감할 수 있을 것이다. 우리는 감사, 정보, 칭찬, 시간, 돈, 사랑을 베풀 수 있다. 이 외에도 다른 것들을 추가할 수 있지만 우선은 이것들을 나누는 방법들을 살펴보자.

1. 적극적으로 정보를 나눠라

무언가를 배우려면 많은 노력이 필요하다. 그래서 그런지,

사람들이 고생하면서 배우는 것을 그저 두고 보는 경향이 있다. 이제부터는 선뜻 도움의 손길을 내밀어보자. 직장에서는 이게 말처럼 쉽지 않을 것이다. 나도 한때는 경쟁상대로 느껴지는 사람들에게 도움이 되는 정보를 주고 싶지 않았다. 하지만 내가 도움 준 몇몇 사람들은 좋은 친구가 되어 다시 나를 도와주었다. 어떤 대가를 바라지 않고 순수한 마음으로 베풀어보자. 바라지 않았을 때 큰 보상이 돌아온다. 한 학생은 우리가 도와준 사람에게 밀려나면 어떻게 하느냐고 질문했다. 나는 자신감이 있다면 두려워할 것이 없다고 대답했다. 중요한 것은 우리 자신과 세상을 믿는 것이다. 사람들에게 도움을 주면 그만큼 우리 존재가 더 커진다. 사람들이 우리에게서 배운 것을 사용할 때 이 세상에 우리가 미치는 영향은 극대화된다.

2. 가까운 사람들에게 칭찬하라

배우자, 자녀, 부모, 친구 등 가장 가까운 사람에게 칭찬하기가 어렵다. 분노나 원망이 섞여 칭찬하는 것을 어렵게 만든다. 가까운 사이는 약점에 초점을 맞춰 잘못을 들추어내기 쉽다. 당연히 불화가 일어난다. 하지만 칭찬을 하면 부정적인 감정이 줄어들고 그들이 사랑스럽게 보이기 시작할 것이다.

우리는 사랑하는 사람들이 자신감을 주고 응원해주기를 바란다. 관대하고 다정하고 용기를 주는 사람들과 함께 있고 싶어 한다. 거꾸로 말하면 이는 함께하고 싶은 사람이 돼야 한다는 뜻이기도 하다.

한 수강생은 만약 주기만 하고 아무것도 받지 못한다면 어떻게 되느냐고 물었다. 나는 그녀에게 예를 하나 들어보라고 했다. 그녀는 헤어진 남자와 다시 만나기 위해 계속해서 주기만 했는데 결국 그는 돌아오지 않았다고 말했다. 나는 그녀가 핵심을 놓치고 있다는 점을 짚어냈다. 그녀는 순수한 마음으로 베푼 것이 아니다. 상대에게서 많은 것을 기대했다! 스스로 고백했듯이, 만약 자신이 계속해서 베풀면 그가 마침내 잘못을 깨닫고 돌아올 것이라고 믿었다. 그것은 사랑이 아니라 계산된 술책에 가깝다.

나는 그 사람은 이제 보내주고 그녀를 행복하게 해줄 사람을 찾아보라고 제안했다. 베푸는 것은 잘못이 아니지만 혹여 어떤 관계에서 행복할 수 없다면 그 관계를 끝내고 다른 사람을 찾아보는 것이 현명하다고 말해주었다. 어떤 사람이 우리를 행복하게 해주지 않는다고 그에게 화를 낼 자격은 없다. 베풀라고 해서 결코 비굴해지라는 것은 아니다. 우리는 행복해질 자격이 있다.

3. 사람들을 위해 기꺼이 시간을 써라

시간은 충분하지 않다. 그래서 우리가 다른 사람들에게 베풀 수 있는 가장 귀한 선물이기도 하다. 시간을 어떻게 베풀 수 있을까? 친구의 고민을 들어주고, 감사 편지를 쓰고, 자원봉사를 하고, 아이에게 책을 읽어주는 데 쓸 수 있다.

데이비드는 시간을 베풀었던 경험에 관해 이야기했다. 그는 크리스마스에 병원을 방문하는 자원봉사를 했다. 그는 간호사의 부탁으로 혼수상태에 빠진 아이에게 노래를 불러주었다. 간호사는 말했다. "노래를 불러주세요. 아이가 들을 거예요." 그는 그 경험이 너무 아름다웠다고 말하면서 다른 학생들에게도 자원봉사를 해보라고 조언했다. "말로 표현할 수 없을 정도로 기분이 좋아져요!" 그것은 그가 일상적이고 구차한 현실에서 벗어나 마음을 열고 보다 고귀한 일을 했던 경험이었다.

최근에 뇌졸중으로 쓰러진 내 친구는 추수감사절에 축복받은 기분을 느꼈다. 휠체어를 타고 무료 급식소에서 노숙자들을 위한 자원봉사를 하며 매 순간을 감사했다. 반신불수가 되어도 그가 할 수 있는 일이 있었기 때문이다.

자원봉사는 자녀들과 휴일을 함께 보내는 훌륭한 방법이

될 수 있다. 한 친구는 어느 크리스마스에 딸이 받은 52개의 선물을 열어본 뒤에 이게 전부냐고 말해 아연실색했다. 그녀는 앞으로는 딸과 다른 방식으로 크리스마스를 보내기로 했다. 매년 딸과 함께 데이비드가 소개해준 연말 행사에 참여했고, 마침내 딸에게서 변화를 발견했다. 크리스마스에 받을 선물에만 관심을 갖던 딸은 이제 병원에 가져갈 물건을 만들면서 많은 시간을 보낸다.

나는 플로팅 병원에서 일하는 동안 자원봉사자를 관찰할 기회가 많이 있었다. 그들은 일반적으로 두 부류로 나눌 수 있었다. 스스로 중요한 사람이라고 생각하는 사람과 그렇지 않은 사람. 그들 사이에는 커다란 차이가 있었다. 후자는 베푸는 마음이 아니라 의무감에서 봉사했다. 그들은 자원봉사 경험을 자신이 얼마나 선한 사람인지 증명해 보이는 방법으로 사용했다. 그런 사람들 모두가 그랬던 것은 아니지만 일부는 전혀 도움되지 않았다. 그들의 자의식이 항상 끼어들었기 때문이다. 그들의 봉사는 플로팅 병원이 필요로 하는 것이 아닌 자기만족을 위한 것이었다. 때문에 종종 병원 직원들에게 도움이 되기보다 방해가 되었다. 그리고 아마 그들 자신도 봉사하면서 어떤 기쁨이나 보람을 느끼지는 못했을 것이다.

반면 자신을 중요하게 생각하는 사람들은 달랐다. 그들은 믿음을 갖고 묵묵히 자신들에게 맡겨진 일을 했다. 누가 부탁을 하기 전에 스스로 알아서 도와주었다. 제시간에 나왔고 필요할 때 옆에 있었다. 아무리 거친 일이라도 할 일을 했다. 자신이 도움이 된다는 걸 알고 기쁜 마음으로 일했다. 일하면서 호들갑을 떨지 않았다. 그리고 사람들은 그들에게 도움 받는 것을 아주 좋아했다.

우리가 스스로를 중요하게 생각하는지 아닌지에 따라 이 세상에서 움직이는 방식은 확연히 달라진다. 만약 당신이 중요한 사람인지 잘 모르겠다면 이렇게 질문해보자. "내가 중요한 사람이라면 이 상황에서 무엇을 할까? 어떻게 행동할까?" 그 답을 행동으로 옮기면 된다. 지금 자신이 중요한 사람인지 모르겠다고 해도 그런 것처럼 생각하고 행동하다 보면 언젠가 알게 될 것이다.

4. 돈을 베풀어라

지금 아무리 돈이 많은 사람이라도 82세가 되었을 때 길모퉁이에서 구걸하고 있을지 모른다고 상상할 수 있다. 실제로 많은 사람이 별 근거도 없이 이런 상상을 한다. 나는 누군가의 부양을 받고 있을 때보다 혼자가 된 뒤에 더 많은 돈을 벌었다. 하지만 두려움은 계속됐다. 아무리 돈이 많은 사람이라도 돈에 대한 두려움을 갖고 있다. 얼마 전 한 신문에서 엄청난 갑부가 모든 것을 잃어버리고 거지가 되는 악몽을 꾼다는 기사를 읽었다. 그에게는 충분함이 결코 충분하지 않은 것이다.

몇 년 전 어느 영화에서 멋진 대사를 들었다. "경제적 안정이란 돈을 의미하는 게 아니다. 돈 없이도 살 수 있음을 아는 것이다." 대다수의 사람이 돈 없이 살아본 적이 없다. 부족함을 통해 경제적 안정이 무엇인지 아는 계기가 될 수 있다.

돈에 대한 두려움에서 벗어나는 방법은, 원하면 언제라도 필요한 돈을 구할 수 있다는 믿음을 갖는 것이다. 한 친구는 계산할 때 수표에 "감사합니다."라는 말을 써서 준다. 이런 마음가짐으로 살면 돈을 즐기고, 투자하고, 돈의 흐름을 만들어 낼 수 있다. 돈을 베풀 때 무엇보다 중요한 것은 마음의 평화를 느낄 수 있다는 것이다. 《머니러브Moneylove》의 작가 제리 길리스는 "부자는 돈을 쓰고 가난한 자는 은행에 넣어둔다."라고 말했다. 수백만 달러가 있을지라도 은행에만 넣어둔다면 그는 정신적으로 가난한 사람이다. 물론 그렇다고 돈을 흥청망청 쓰라는 말은 아니다. 균형이 중요하다는 뜻이다.

5. 사랑하라

우리가 사람들을 있는 그대로 인정하고 그들에게 뭔가를 강요하지 않는다면 사랑을 베푸는 것이다. 그들 스스로 자신의 삶을 책임지고 살아갈 수 있다고 믿는 것도 사랑을 베푸는 것이다. 그들이 마음껏 원하는 것을 배우고 성장할 수 있도록 허락하는 것도 사랑을 베푸는 것이다. 그런데 우리는 정말 사람들에게 이러한 사랑을 베풀고 있을까? 나는 우리가 베푸는 행위는 모두 사랑에서 나온다고 생각한다. 하지만 가끔 사랑 대신에 다른 것들이 포함되기도 한다. 롤로 메이는 《자아를 잃어버린 현대인Man's Search for Himself》에서 이렇게 말했다. "사람들은 흔히 사랑을 의존과 혼동한다. 하지만 사실 우리는 독립심과 비례해서 사랑을 할 수 있다." 사랑은 베푸는 능력이다.

6. 진심으로 베풀어라

진심으로 베푸는 사람이 되는 것을 목표로 삼자. 많은 것을 갖고 있다고 생각하면 베풀 수 있다. 베푸는 사람이 되면 두려움이 사라지며, 강하고 다정한 사람이 된다. 우리가 무엇을 얻느냐가 아니라 무엇을 줄 수 있느냐를 생각하면 상상도 할 수 없을 정도로 큰 힘을 갖게 된다. 우리 인생의 목적이 베푸는 것이라고 생각하면 다른 사람에게 이용당할 일도 없다. 누군가 우리에게서 뭔가를 갈취해도, 베풀겠다는 우리 삶의 목적을 충족시킬 뿐이므로 오히려 감사할 일이다.

조지 버나드 쇼는 이를 다음과 같은 말로 훌륭하게 요약했다. 이 글을 매일 읽으면 사물을 올바로 인식하고, 두려움을 극복하고 전진할 용기가 생길 것이며, 마침내 세상에 큰 도움을 줄 수 있을 것이다.

"세상이 나를 행복하게 해주지 않는다고 불평불만을 일삼는 이기적인 좀생이가 아니라 대의를 위해 도움이 되는 존재, 그리고 자연의 힘이 되는 것이야말로 삶의 진정한 기쁨이다. 내 삶은 공동체에 속해 있으며, 사는 동안 공동체를 위해 최선을 다하는 것을 특권으로 생각한다. 열심히 일한다는 것은 충실하게 사는 것이므로 죽을 때는 내 힘이 완전히 소비되기를 원한다. 나는 삶 자체를 즐긴다. 삶은 내게 잠깐 타다가 꺼지는 촛불이 아니다. 삶은 내가 들고 있다가 다음 세대에 활활 타오르는 채로 전해주어야 하는 눈부신 횃불이다."

진심으로 베풀기 위해서는, 스스로를 가치 있는 사람이라고 생각할 수 있어야 한다. 그러면 베푸는 능력이 향상된다. 하지만 이 능력은 다른 기술과 마찬가지로 훈련이 필요하다. 우리 삶은 이미 충분하지만, 단지 모르고 있을 뿐이다. 그렇다는 사실을 깨달을 수 있는 방법은 '긍정 노트'를 만들어보는 것이다. 여력이 된다면 마음에 드는 노트 중에 좋은 것을 산다. 그 노트에 지금까지 살면서 경험한 긍정적인 것들을 생각나는 대로 적어본다. 150가지가 될 때까지 열심히 생각한다. 축복에 초점을 맞춰 아주 사소한 것까지 적는다.

매일 긍정 노트를 채운다. 이 노트에는 좋은 일들만 적는다. 크건 작건 하루 동안에 어떤 좋은 일이 있었는지 써본다. 친구에게서 감사 인사를 받은 일, 집배원에게 기분 좋은 인사를 받은 일, 푸른 하늘, 누군가를 도와준 일, 새로 산 옷, 맛있는 음식 등 생각보다 쓸 내용이 많을 것이다. 긍정적인 면에 초점을 맞추면 곳곳에서 축복을 볼 수 있다. 얼마 안 가 긍정 노트를 금세 채우게 될 것이다. 결핍감을 느낄 때마다 공책을 들춰본다. 우리에게 부족한 것은 돈이나 물건이 아니라 사랑이다. 사랑은 내 삶이 풍요로우며 나는 중요한 사람이라는 사실을 기억하게 할 것이다. 항상 우리 곁에 존재할 것이다.

에필로그

두려움, 그것은 아무것도 아니다

이제 우리는 모든 두려움에 맞서 강해질 수 있는 방법을 알고 있다. 다음 단계는 무엇일까? 우리가 항로를 이탈하지 않으려면 어떻게 해야 할까? 길에서 벗어났다고 느끼거나 외부의 힘에 짓눌린다고 느낄 때 이 책을 펴고 편안한 기분이 들게 해주는 구절을 다시 읽어본다. 힘을 주는 구절들을 충분히 숙독해서 단지 책꽂이만 쳐다보아도 삶의 여정에 도움이 되는 풍부한 방법들이 생각날 수 있도록 한다.

우리가 살면서 만나는 가장 큰 함정은 조급함이다. 조급함은 백해무익하다. 스트레스, 불만, 두려움을 유발할 뿐이다. 머릿속 작은 악마가 우리를 조급하게 만들 때마다 '왜 서두르니? 모든 게 완벽해. 걱정하지 말자. 준비가 되면 앞으로 움직일 거야. 그동안 모든 것을 받아들이고 배울 거야.'라고 생각하자. 내면의 잠재력에 눈을 뜨면 한시라도 빨리 그것을 움켜쥐고 싶어지겠지만, 서두를 필요는 없다. 빠른 방법은 없다. 평생 훈련해야 한다.

• • •

종종 우리는 아무리 노력해도 얻는 것이 없다고 실망한다. 그러나 변화는 사실 우리 내부에서 일어나고 있다. 한참 진행이 된 뒤에야 비로소 밖으로 드러난다.

아들이 어렸을 때, 화분에 씨앗 심는 것을 보여주며 얼마 안 가 아름다운 꽃이 필 것이라고 설명했다. 그러고 나서 잊어버렸다. 한참 뒤에 아들 방에 들어가 보니 화분을 앞에 놓고 앉아서 지켜보고 있었다. 무엇을 하느냐고 물었더니 "꽃이 피는 걸 보려고 기다리고 있어요."라고 말했다. 어느 날 아들이 아침에 눈을 떠보니 꽃이 피어 있었다. 아무 일도 일어나지 않을 것 같았지만 결국 꽃이 핀 것이다.

한번은 책을 읽다 꺼져가는 난롯불에 장작을 던져 놓고 계속 책을 읽었다. 가끔 눈을 들어 난로를 쳐다보았지만 불꽃은 보이지 않았다. 불이 피어오르는 신호를 알리는 연기도 없었다. 꺼진 줄만 알았던 장작을 물끄러미 보고 있는데 갑자기

불길이 올라오기 시작했다. 무슨 일이든 시간이 필요하다.

모든 일이 잘될 것이라는 믿음도 필요하다. 나는 모진 시련을 마주할 때마다 우리가 아직 배우지 않은 뭔가가 있어서 삶이 지금 배울 기회를 준 것이라고 생각한다. 이런 생각을 하고 있으면 어떤 상황에도 피해의식에 사로잡히지 않고 그 상황을 긍정적으로 받아들일 수 있다. 인생의 어느 시기에 무슨 일이 일어난다고 해도 모든 것이 잘될 것이라는 믿음을 가지자. 우리 삶이 끝없는 배움의 과정이라는 것을 기억한다면 아직 성공하지 못했다는 불만을 느끼지는 않을 것이다. 나는 지난 몇 년간의 경험을 통해 인생의 많은 기쁨은 도전에 있다는 것을 깨달았다.

직관을 믿자. 만일 지금 가고 있는 길에서 기쁨, 만족, 창의성, 사랑, 애정을 느끼지 못한다면 올바른 길이 아니다. '이 길은 내 길이 아니야, 이번에는 어떤 길에 도전해볼까?'라고 생각하자. 외부 상황을 변화시킴으로써 우리 내면을 바꿀 수 있다고 생각하면 착각이다. 우리의 내면을 바꾸어야 외부 상황을 바꿀 수 있다.

우리 마음속 길을 가는 것은 산을 오르는 것과 비슷하다. 올라가기는 어렵지만 멈춰 주위를 둘러볼 때마다 점점 더 장관이 펼쳐진다. 높이 오를수록 시야가 확장되고 전체가 보이면서 세속으로부터 초연해진다. 여유가 생기고 자유로워진다. 아름다운 경치가 우리를 더 높이 올라가게 한다. 이러한 경지에 이르면 관대해진다. 더 높은 장소에서 내려다보면 더 많은 것이 보인다. 문제가 있는 사람들이라고 해도 구제 불능은 아니다. 그들 역시 훌륭한 내면을 지니고 있지만 아직 발견하지 못했을 뿐이다. 그들이 겪는 고통에 공감하고 지나치게 가혹한 판단을 하지 않아야 한다.

산을 계속 올라가기만 하는 것은 아니다. 올라가다가 멈춰 쉬면서 재충전을 하기도 한다. 우리의 여행도 마찬가지다. 때로 성장이 멈춘 것처럼 보일 수도 있지만 그렇지 않다. 단지 더 높이 올라가기 위해 숨을 고르는 것일 뿐이다.

• • •

배우기 위해서는 태어난 순간부터 몸에 밴 믿음과 습관을 버려야 할지도 모른다. '아하!' 하고 깨닫는 순간 갑자기 변화가 일어난 것처럼 느낄 수 있지만 사실 그렇지 않다. 순간적인 통찰 역시 지금까지 일어났던 모든 변화의 산물이다. 우리의 무의식은 컴퓨터처럼 우리가 모르는 사이에 정보를 검색하고 분류하며 어느 순간에 불쑥 해답을 내놓는다. 여행을 계속할수록 이러한 통찰이 자주 일어날 것이다. 우리 의식이 저항을 버리고 새로운 사고방식을 받아들이게 될 것이다. 무슨 일이든 초기 단계에는 가장 힘이 들고 높은 집중력이 요구되기 마련이다.

때때로 마침내 알았다고 생각했는데 사실은 그렇지 못했다는 것이 드러나기도 한다. 나는 항상 "우리는 먼 길을 가야 한다."라는 레나 혼스의 말을 기억하고 겸손해지려고 노력한다. 배움에는 끝이 없다. 그리고 경험은 가장 훌륭한 스승이다. 마저리 윌리엄스의 《헝겊 토끼의 눈물》에는 우리가 삶의 여정에서 느끼는 고뇌와 기쁨을 아름답게 표현한 구절이 나온다. 탁아소에 사는 인형인 털 없는 말과 토끼가 '진짜'가 되는 것에 대해 이런 대화를 나눈다.

"털이 빠지면 아프지 않니?"

토끼가 물었다.

"가끔 아파."

털 없는 말이 말했다. 그는 거짓말을 할 줄 몰랐다.

"하지만 진짜가 되면 아픈 것은 상관없어."

"진짜가 되는 것은 갑자기 일어나는 일이니, 아니면 조금씩 일어나는 거야?"

토끼가 물었다.

"한 번에 되지는 않아."

털 없는 말이 말했다.

"오랜 시간이 걸려야 되는 거지. 그래서 쉽게 화를 내거나 성질이 급하거나 무모한 사람들은 진짜가 되기 어려워. 일반적으로 진짜가 될 때쯤에는 사람들의 다정한 손길에 털이 대부분 빠지고 눈은 푹 꺼지고 관절은 약해지고 아주 초라해지지. 하지만 아무래도 상관없어. 왜냐하면 진짜가 되면 추해 보이지 않으니까. 모르는 사람들 눈에는 추해 보이겠지만."

• • •

우리 앞에는 즐겁고 경이로운 경험들이 기다리고 있다. 때로는 흐름과 하나가 되는 희열을 경험할 것이며, 때로는 진로를 벗어나는 고통을 겪기도 할 것이다. 그때마다 우리는 혼자가 아니라는 것을 기억하자. 이 세상에는 우리가 시련을 겪을 때 도움을 받을 수 있는 것들이 얼마든지 있다. 한 학생이 이렇게 말했다. "저는 계속 책을 읽어요. 언젠가 그런 책들 중의 하나가 도움이 되겠죠." 내가 대꾸했다. "아니요. 당신이 받아들이지 않는 한 어느 것도 도움이 되지 않아요."

이 책도 마찬가지다. 수동적으로 대하지 말고 흡수하자. 행복을 향해 우리를 들어 올리는 근육은 자주 사용하지 않으면 약해진다. 우리가 몸을 움직이지 않으면 약해지는 것과 같다. 행동하라. 하늘은 스스로 돕는 자를 돕는다. 순리를 따르고, 참여하고, 움직이고, 행동하고, 글을 쓰고, 책을 읽고, 강의를 듣고, 자기주장을 펼치고, 하고 싶은 것을 하고, 과정에 충실하면 원하는 삶에 가까워질 것이다. 롤로 메이는《자아를 잃어버린 현대인》에서 "모든 유기체는 자신의 잠재력을 최대한 발휘하려는 본성을 갖고 있다. 기쁨은 우리의 힘을 최대한 사용한 결과이고 그렇기 때문에 우리 인생의 목표는 행복이 아닌 기쁨이다."라고 말한다.

나는 마지막 장을 쓰는 동안 시간을 내서 '미국을 연결하는 손들Hands Across America'이라는 행사에 참여했다. 모두 일어나 주제가를 부를 때 옆에 있는 사람들의 얼굴을 보았다. 행사에 참여한 사람들의 얼굴은 자신들이 변화를 만들고 있다는 기쁨으로 환하게 빛나고 있었다. 그들은 사랑하고 있었다. 그들은 애정을 품고 있었다. 그들은 자신의 가장 고귀한 부분과 접촉하고 있었다. 대의를 위해 함께한다는 것은 아주 기분 좋은 일이다. 뭔가에 열중하면 두려움이 줄어든다. 더욱 관대해지고 세상이 나를 행복하게 해주지 않는다고 불평하며 원망하는 이기적인 마음에서 벗어난다. 세상을 위해 베푸는 진정한 어른이 된다.

두려움을 극복하고 더 큰 사람이 되자. 우리는 누구나 멋진 사람이 될 수 있다. 지금 하는 일을 바꿀 필요는 없다. 단지 누구나 가지고 있는 내면의 다정하고 긍정적인 에너지를 가져오는 방법을 배우기만 하면 된다. 학생, 회사원, 주부, CEO, 청소부, 교사, 영화 제작자, 판매원, 변호사 등 누구나 어떤 식으로든 세상에 기여할 수 있다. 두려워도 도전하자!

역자의 말

부딪치는 삶이 진짜 내 것이다

언젠가 한 여자 아이스하키 국가대표 선수가 한 말이다. 그 중의적인 의미가 문득 그동안 움츠리고 살아온 내 삶을 돌아보게 하면서 왠지 나 자신이 초라하게 느껴진 적이 있었다. 모든 일에서 좀 더 적극적으로 부딪치며 더 많이 느끼고 더 많은 경험을 하지 못한 것이 아쉽다고 생각했다.

두려움을 이겨내고 한계에 도전하는 사람들의 모습을 보는 것은 언제나 감동적이다. 도전이 항상 성공하는 것은 아니다. 사실 성공하고 실패하는 것보다 중요한 것이 있다. 시련을 극복하고 다시 일어설 때마다 우리는 전보다 더 강해지고 삶이 더욱 소중하게 느껴진다는 것. 도전에는 언제나 희망이 내포되어 있고, 희망은 우리의 삶을 더 풍요롭게 해준다.

용감한 사람은 두려움이 없는 사람이 아니라 두려움을 인정하고 극복할 줄 아는 사람이다. 정상적인 사람이라면 누구나 두려움을 느낀다. 다만 어떤 사람은 두려움을 이겨내고, 어떤 사람은 두려움에 굴복할 뿐.

사실 우리는 평생을 두려움 속에 산다고 해도 과언이 아니다. 아기들은 엄마와 떨어지는 것을 두려워하고, 노인들은 임박한 죽음을 두려워한다. 또한 살아가면서 크고 작은 일에서 선택을 잘못하면 언제라도 실패와 불행의 늪에 빠질 수 있다는 두려움이 있다. 사람들에게 비웃음이나 손가락질을 받는 것도 두렵다. 매일 뉴스를 통해 듣는 온갖 사건 사고와 재난에 대한 보도는 우리에게 세상은 위험한 곳이라고 말한다.

실체가 없는 두려움도 있다. 우리는 가끔 뭔지 모를 두려움에 사로잡히곤 한다. 이 두려움은 우리의 현실과는 상관이 없는, 마치 유령을 두려워하는 것처럼 막연한 원시적인 두려움이다. 죽음에 대한 두려움, 지금 갖고 있는 것들이 하루아침에 사라질 것 같은 두려움, 끝없는 어둠 속으로 추락할 것 같은 두려움, 세상에 홀로 던져져 있는 것 같은 두려움…… 이 모든 두려움이 우리를 움츠러들게 하고 소심하게 만든다.

이 책은 우리가 느끼는 두려움의 실체를 밝히고, 긍정적인 사고방식과 자신감을 키울 수 있도록 도와준다. 우리가 어떤 상황에 묶여서 변화하지 못하는 이유가 무엇인지 돌아보고, 두려움을 회피하지 않고 극복하는 방법을 알려준다.

우리 인생에는 바로 앞에 어떤 장애물이 있을지 어떤 위험이 도사리고 있을지 알 수 없다. 부딪치는 삶은 두렵다. 그러나 이것은 도전을 하지 않더라도 마찬가지이다. 미래의 불확실성은 우리가 어떤 선택을 하든 언제나 거기 있다.

물론 무모한 도전을 하지 않고 성공 가능성을 높이는 것도 중요하다. 그러기 위해서는 준비가 필요하다. 성공을 향해 모든 것을 희생하고 앞만 보고 달리던 사람들은 성공했을 때 허무함을 느끼기도 한다. 세상에 거는 기대를 조절하고 인생의 균형을 유지하는 것 또한 필요하다.

한편으로 우리 각자는 주어진 삶을 최선을 다해 살아야 할 의무가 있다. 우여곡절을 겪지 않고 평탄한 삶을 사는 것을 다행으로 여길 수도 있다. 그렇게 무사히 살아남은 것은 감사할 일이다. 그러나 언젠가 다시 돌아올 수 없는, 이 세상을 떠나는 날이 올 때 그동안 살아온 날들을 돌아보면서 어떻게 느낄지 생각해보자. 어렵고 힘든 일도 있었지만 후회 없는 삶을 살기 위해 노력했다면 미련 없이 떠날 수 있지 않을까.

노혜숙

나를 미워했던 나에게

혹시 당신에게도 찢어버리고 싶은 과거가 있을지 모르겠다. 생각만 해도 아픈, 혹은 슬픈. 창피한, 아니면 두려운. 부욱 찢어서 아무렇게나 구겨 버리고 싶지만 그렇게 되지도 않는. 나는 책을 편집하는 내내 찢어버리고 싶었던 어떤 페이지를 떠올렸다.

페이지의 첫 문장은 누군가의 말이었다. "넌 편집자로서 결격 사유가 너무 많아." 자신감이 바닥을 쳤던 당시의 내게 새로 온 팀장이 한 말이었다. 왜 저런 말까지 들었는지 말하려면 시간을 거슬러 올라가야 한다.

때는 2012년의 어느 날. 당시 나는 마케팅팀에서 기획팀으로 옮긴 지 얼마 안 된 늙은 신입이었다. 직접 만든 책은 한 권도 없는 상태로 다른 팀원들과 실력을 겨루어야 했다. 동갑내기 편집자 중에는 베스트셀러를 여러 권을 만들어서 인정받는 사람도 있었고, 나보다 어린 편집자 중에도 괜찮은 책을 만드는 사람이 여럿이었다.

조바심이 났다. 나도 다른 팀원들처럼 맡은 일을 잘하고 싶은데 잘할 수 있을지 두려웠다. 주눅 들면서도 잘할 수 있다는 걸 증명해 보이고 싶었다. 그러는 사이 인권을 다루는 책을 편집하게 됐고 새로운 팀장이 왔다.

그가 오기 전부터 사내에는 소문이 무성했다. "서울대 출신이래." "정통 인문 책을 많이 만들었대." "아직 결혼을 안 했다나 봐." 나는 인문 책을 많이 다루었다는 편집장에게 인문 책을 평가 받는 처지에 놓였다.

그리고 첫 책 편집 과정을 지켜본 팀장의 평가는 이것이었다. "넌 편집자로서 결격 사유가 너무 많아." 결격 사유가 그냥 많은 것도 참담한데 너무 많다니. 실체를 낱낱이 알고 나면 내 마음이 무사할지 자신 없었다.

스스로에 대한 믿음보단 두려움이 훨씬 컸던 나는 마음속으로 그 말이 가혹하기는 해도 딱히 틀린 말은 아니라고 믿었다. 결격 사유가 뭔지는 구체적으로 듣지 못했지만 묻지도 못했다. 두려웠다.

아마도 책을 만드는 사람이 들을 수 있는 끔찍한 말 중의 하나는 책 만들 자격이 없다는 말이 아닐까. 사실 그 자격이라는 걸 논할 자격이 상대에게 있는지는 모른다고 해도. 나는 정식으로 자격을 박탈당한 기분이었다. 머릿속으로 팀장의 말이 반복 재생되던 어느 날, 인생 낙오자가 된 심정으로 내린 선택은 퇴사였다.

그로부터 한 달 뒤, 술자리에서 만난 선배의 첫마디에 나는 복잡한 심경이 됐다. "야, 딱 한 달만 더 버티지. 기획팀 팀장 잘렸어." 내가 정말 실체 없는 말을 붙들고 있다는 걸 깨닫자 이번에는 자괴감이 몰려왔다.

시간이 한참이나 흐른 후에도 가끔 그때를 떠올렸다. 그때의 내가 '언프리티 랩스타'의 제시처럼 생각했다면 덜 괴로웠을까. 당신이 뭔데 날 판단해.

《자신감 수업》의 저자 수전 제퍼스는 두려움을 학습의 문제라고 믿는다. 왜 두려워하게 됐는지 따위는 중요치 않고 무슨 일이든 감당할 수 있다고 마음먹으란다. 당연한 말이지만 그렇다면 아무것도 두렵지 않단다.

생각에 스멀스멀 의심이 피어났지만, 우리가 부정적으로 생각하는 편이 현실적이라는 근거가 없다, 긍정적으로 생각하는 편이 훨씬 낫다는 근거는 얼마든지 댈 수 있다, 라는 저자의 말에 공감할 수밖에 없었다.

이 책에 따르면 두려움의 근원에는 내가 나를 믿지 못하는 마음이 있다. 원하는 삶을 살지 못하게 방해하는 것은 바로 자신감 부족이다. 이것을 안다면 변화가 필요한 명확한 지점에 초점을 맞출 수 있다.

맞다. 오랫동안 편집자로서 결격 사유가 많다고 생각해온 한 사람이, 이렇게 세상에 또 한 권의 책을 보탤 수 있었던 이유는, 이젠 제법 스스로에 대한 믿음이 생겼기 때문이다.

2012년의 나에게 돌아간다면 말해주고 싶다. 다른 사람 평가 따위에 무너지지 말라고. 그리고 이 책을 읽을 당신에게도 응원을 건네고 싶다. 지금 누군가의 가혹한 평가에 두렵다 해도, 자신감을 가지라고. 이 책과 함께.

책임편집 한진아

옮긴이 노혜숙

이화여자대학교 수학과를 졸업하고 서강대학교 철학 대학원을 수료했다. 현재는 전문 번역가로 부단히 활동하고 있다. 옮긴 책으로 《창의성의 즐거움》《완벽의 추구》《타인보다 더 민감한 사람》《지금 이 순간을 살아라》《베이비 위스퍼》《무의식의 유혹》《위즈덤》《세상의 잡담에 적당히 참여하는 방법》 등이 있다.

두려움을 용기로 바꿀 수만 있다면

자신감 수업

초판 1쇄 발행 2019년 10월 1일
초판 3쇄 발행 2024년 2월 27일

지은이 수전 제퍼스
옮긴이 노혜숙
발행인 서재필
발행처 마인드빌딩
주소 경기도 고양시 덕양구 도래울로 86, 309-601
출판신고 2018년 1월 11일 제395-2018-000009호

이메일 mindbuilders@naver.com
블로그 blog.naver.com/mindbuilders
페이스북 www.facebook.com/mindbuildings

ISBN 979-11-90015-05-9 (03190)

이 도서의 국립중앙도서관 출판예정도서목록(CIP)은 서지정보유통지원시스템 홈페이지 (http://seoji.nl.go.kr)와 국가자료공동목록시스템(http://www.nl.go.kr/kolisnet)에서 이용하실 수 있습니다. (cip제어번호: CIP2019031821)

- 책값은 뒤표지에 있습니다.
- 잘못된 책은 구입하신 곳에서 바꿔드립니다.

마인드빌딩에서는 여러분의 투고 원고를 기다리고 있습니다. 출판하고 싶은 원고가 있는 분은 mindbuilders@naver.com으로 기획 의도와 간단한 개요를 연락처와 함께 보내주시기 바랍니다.